A Arte da Autoconfiança + Bônus

Mudanças construtivas à autoconfiança e mudanças construtivas dentro de você e tudo o que você precisa é de um tempo para descobrir seus poderes internos.

Para começar, no entanto, você pode precisar de alguns guias de ajuda para incentivar e ajudá-lo a escolher as práticas recomendadas que possibilitam fazer mudanças criativas que o orientam para o sucesso.

Antes de começarmos, é importante definir o que significa autoconfiança e mudanças construtivas. Percebemos que algumas pessoas podem ter dificuldade em entender o conceito deste título.

A autoconfiança é sua força de vontade independente para descobrir maneiras de fazer mudanças. Esta é a sua autonomia ou vontade autônoma de se encarregar de sua vida.

É possível obter mudanças construtivas depois que você agir. Usando sua autoestima
que astá dentro de você, você pode mudar hábitos ou comportamento para positivos. Mudanças construtivas significam reformar seus caminhos de maneiras positivas e úteis que se tornam benéficas para todos.

Alterações construtivas conforme visualizadas:
Mudanças práticas que levam a resultados positivos -
Altere atitude negativa para incentivar uma personalidade útil -
Alterando maneiras improdutivas, como ficar sentado no sofá por horas assistindo televisão a formas produtivas, como se exercitar,
Mudar maus hábitos, como mentir, comer compulsivamente, fumar, xingar etc. de maneiras úteis, desenvolvendo uma mente positiva, inicie o pensamento buscando o seu sucesso na autoconfiança e nas mudanças construtivas.

Busca do pensamento para a autossuficiência e a mudança construtiva

Às vezes, você precisa buscar na mente para encontrar seu guia e ferramentas de autoconfiança para desenvolver mudanças construtivas. É possível fazer mudanças construtivas? Claro, mas o problema é que muitas pessoas ficam presas a padrões familiares que se desenvolveram enquanto cresciam.

Porém, para gerenciar o problema e trabalhar para fazer mudanças positivas, é possível. Você só precisa desejar e ter algum pensamento buscando descobrir suas delimitações.

Algumas das melhores ferramentas disponíveis online o ajudarão em sua pesquisa para descobrir a auto-independência e fazer mudanças construtivas.

A estabilidade é como mudanças construtivas repousam dentro de você, e tudo o que você precisa é de um tempo para conquistar seus objetivos e sonhos. Às vezes, no entanto, você pode precisar de alguns guias mestre útil para incentivar e ajudá-lo a escolher as melhores práticas terapêuticas que facilitam a realização de mudanças inventivas que o orientam para o sucesso.

A auto-dependência é a sua única obstinação que você usa, que oferece soluções que você pode selecionar a partir de novas ideias. Seus espíritos autônomos lhe dão opções internas que você pode usar para encontrar novas soluções. Quando você tira um tempo para procurar em sua mente, você se conecta com seus recursos subliminares.

A autoconfiança é sua força de vontade independente para descobrir maneiras de criar o mundo. Esta é a sua autonomia ou vontade autônoma de se encarregar de sua vida.

Mudanças construtivas levarão algum tempo. Usando sua autoridade e pontos fortes internos, você pode mudar maus hábitos ou maus hábitos futuros. Fazer essas mudanças significa recuperar suas habilidades e recursos e reformar sua mente para pensar positivo. Isso será útil e inclinará você a tirar benéficos para assumir o controle.

Mudanças construtivas como oculares, quando você faz mudanças práticas que apontam para resultados positivos, ajuda a remover uma reflexão negativa da conversão para oferecer uma personalidade ou atitude útil.

Alterar métodos e meios improdutivos, como sentar na sala assistindo horas da televisão por maneiras produtivas, como exercícios, assim você está mudando hábitos não construtivos. Quem sabe quando você faz essas mudanças, pode ser necessário alterar alguns outros hábitos e hábitos, como enganos, compulsão alimentar, fumar, profanação, etc., para hábitos úteis, desenvolvendo uma perspectiva positiva. Mesmo que esses comportamentos não sejam um problema para você, sempre há espaço para melhorias. Reserve um momento para ficar on-line e encontrar assuntos úteis. Você encontra autoconfiança e pensamento construtivo que talvez lhe dê as ferramentas necessárias para reformar esses velhos hábitos.

Fazer mudanças para melhor oferece a você algo pelo que esperar. Quando você faz mudanças positivas, sua conduta mostra a outras pessoas que você trabalha duro para encontrar seu sucesso. Além disso, boas condutas incentivam outras pessoas a seguir seus passos.

Reserve um tempo para encontrar soluções e seu guia para autossuficiência e mudanças construtivas. Manter o ritmo quando começar a mudar. Isso o ajudará a ser criativo e ter sucesso em seus objetivos. Se você tentar se apressar, isso apenas o impedirá de progredir produtivamente. Então, dê um passo de cada vez.

Por exemplo, se você quiser fumar ou perder peso, determinar metas razoáveis para começar. Não se derrube se você falhar pela primeira vez. Em vez disso, pegue sua estaca de tortura e prossiga em seu objetivo de encontrar seu guia para uma autossuficiência e mudanças construtivas. Olhe para trás atitude para ver seu progresso e dê uma recompensa para manter viva essa positividade, mantenha a mente buscando e você se sairá bem!

Mudanças construtivas

Uma autossuficiência e às mudanças construtivas, todos temos que pensar positivo para que a autossuficiência e mudanças construtivas se desenvolvam. Ao aprender a pensar positivo, podemos explorar nossa mente melhorar para encontrar nosso interior e reduzir que ajudarão a nos guiar na direção certa. O pensamento positivo é o nosso guia para a autossuficiência e nos ajuda a fazer as mudanças necessárias para ter sucesso na vida.

Use suas habilidades subliminares de aprendizado com pensamentos positivos para encontrar seus verdadeiros sentimentos bem-sucedidos e fazer mudanças construtivas em sua vida. Pare e pense em como você se sente sobre si mesmo neste momento. Você está feliz com o resultado da sua carreira? Você gosta da maneira como se olha no espelho?

Se você não está satisfeito com sua carreira, pergunte-se por que não. Quando você se olha no espelho, gosta do que vê? Se você não está feliz consigo mesmo, como pode tomar decisões boas em sua carreira ou aparência? Precisamos gostar de nós mesmos antes que nós gostamos do que vemos ou de como podemos estar sem controle.

Escreva como se sente no papel e como planeja fazer mudanças construtivas para revertê-las. Quando estamos pensando negativo, você não pode ter sucesso, use o pensamento positivo para fazer mudanças.

Ao pensar positivo, você usará suas habilidades de autoconfiança ou outras palavras; você dependerá de seus sentimentos para tomar boas decisões ao fazer mudanças construtivas.

Ao fazer boas mudanças de construção no local de trabalho, você precisa decidir primeiro: essa é a carreira com a qual você ficará feliz? Como você pode mudar seus sentimentos no local de trabalho para ter sucesso?

Se você não estiver satisfeito com sua carreira, tente encontrar uma causa ou mudar completamente seu campo. Seu trabalho é estressante; Nesse caso, pergunte-se por que e o que você pode fazer sobre isso. Você e somente você pode responder a estas perguntas para resolver o problema. Talvez aprender a

 A arte da autoconfiança + bônus

meditar no trabalho ajude a aliviar o estresse para obter sucesso.

Se você está estressando com seu trabalho, pense: porque você ganha dinheiro com seu trabalho, que é a sua salvação, isso é importante para você. Quando você escolher outras tarefas em casa em vez do trabalho, será provavelmente demitido. Portanto, pense com sabedoria, se você considera mudar de emprego.

Quando você medita sobre a situação e se concentrar no que precisa ser feito primeiro, você aliviará o estresse fazendo uma e depois a segunda. Use a meditação para aprimorar suas habilidades de autoconfiança para ajudá-lo a se tornar mais construtivo no sucesso.

Olhe no espelho, pois somente você pode fazer alterações necessárias para melhorar sua vida.

Usando metas para planejar, sua dieta e exercícios aumentam sua autoconfiança para serem construtivos.

Os objetivos são uma ajuda útil que o guia pelo caminho certo na vida. Para construir sua autoconfiança para crescer; pense positivo ao fazer mudanças construtivas para uma vida melhor e mais saudável. Você pode usar os objetivos que fez para ganhar vida e se destacar para encará-lo enquanto se expressa. Você pode fazer essas mudanças.

Aprender a confiar em si mesmo trará sucesso no futuro. Você é o único em quem pode confiar para fazer mudanças construtivas para ser mais feliz.

Use guias, como meditação e objetivos, para criar sua autoconfiança para fazer as mudanças construtivas que deseja fazer. Instruções positivas nos guias de autoconfiança ajudarão você a fazer mudanças construtivas.

Direções positivas para ações construtivas

A autossuficiência e mudanças em direções positivas são nossa autoconfiança e mudanças que vale a pena desenvolver, a partir de nossas habilidades inatas. Quando aprendemos a pensar positivo, isso nos ajuda a explorar e desafiar nossa mente agradavelmente, a descobrir nosso eu e espaços interiores. O diretor que nos ajudará a guiar-nos pela estrada, ao sucesso. Pensadores positivos geralmente se beneficiam mais do que pensadores negativos. Como essas pessoas atualizam as soluções e ideias. internas, muitas vezes desenvolvem novas soluções para resolver problemas comuns.

Use guias, como ideias. e princípios, para criar sua autoconfiança para fazer as mudanças construtivas que deseja fazer. As aquisições para confiar em si mesmo vão despertar as habilidades que você deseja ter. No entanto, você é o único em quem pode confiar para fazer mudanças construtivas que o guiam para o sucesso.

A ética e nossos valores morais são úteis pois atuam como condutores para conduzi-lo ao longo da passagem moral da vida. Para construir sua responsabilidade para crescer, pense positivo nas mudanças geradoras de direção para melhorar a sua vida. Você pode definir metas para acelerar o processo com velocidade, fazendo mudanças necessárias que o orientam para o sucesso.

Algumas das melhores soluções para guiá-lo à autoconfiança e as mudanças construtivas são meditação e treinamento subliminar. Quando você medita, ou delibera e aplica o que precisa ser concluído primeiro, você sentirá um estresse comovente ao terminar suas tarefas a tempo. Use a meditação para melhorar suas habilidades de autossuficiência para beneficiário você a se tornar mais construtivo.

Se você está estressado com o seu trabalho, sente-se e contemple. Se seu trabalho está estressando você, talvez você precise de algumas dicas de sucesso ao lidar com seu chefe, colegas de trabalho etc. para gerenciar por enquanto. Você ganha dinheiro no seu local de trabalho. Quando você adota outros deveres e deixa seu trabalho de lado, poderá ser demitido. Ao fazer mudanças, pense sem problema com cuidado. Se você tomar decisões rápidas, isso pode levar a sérios problemas.

Se você não é ativo em sua carreira, tente descobrir novas habilidades e talentos que podem ser tratados para trocar totalmente sua área. Talvez você possa fazer um curso on-line para ajudá-lo a desenvolver novas habilidades para conseguir um emprego vencedor. Por enquanto, tente se adaptar a algumas mudanças que ajudarão a lidar com o trabalho que você tem agora.

Ao mudar seus padrões de pensamento para positivo, você descobrirá suas habilidades de autoconfiança, aprenderá a depender do seu sentimento para fazer mudanças decisivas e construtivas.

Por enquanto, fique on-line para ver alguns guias de ajuda no aprendizado subliminar. Quando você aprende a se unir à sua mente subconsciente e consciente, fazendo com que funcionem em harmonia, seus padrões fisiológicos fluirão de acordo. Para explorar sua mente subconsciente, talvez você possa aprender a escrever seus sentimentos e pensamentos no papel. Revise frequentemente para ver as áreas que você pode melhorar. Não bata no chão quando vir os erros que cometeu. Em vez disso, aceite com calma e aprenda a crescer, fazendo mudanças construtivas que são desejáveis para você.

Aprenda a tirar um tempo para você. Use esse tempo de forma construtiva. Medite para explorar sua mente e praticar o aprendizado de suas experiências, aprendizagem e assim por diante. Esse é o processo de habilidades de autodesenvolvimento para guiá-lo ao sucesso, desenvolvendo produtivamente e mudanças construtivas.

Fique por dentro da nova era que está chegando, concentrando-se no que você precisa fazer para alcançar seu sucesso. Não pare com uma mudança, continue fazendo mudanças para alcançar o equilíbrio. Perder peso requerer desenvolver autoconfiança, sua vontade de fazer mudanças construtivas.

Perda de peso devido à autossuficiência e mudanças construtivas

Você já pensou em perder peso? Esta é uma das coisas mais difíceis de fazer. É preciso muito força de vontade encorajamento dos outros. Perder peso não é fácil. Se você estiver com sobrepeso, pode ser ruim para você ter saúde mental e capacidade de manter diariamente.

Isso não vai acontecer da noite para o dia. Este é um ponto difícil, onde a maioria de nós se sente mal consigo mesma, já que não nos damos tempo para perder peso. Nós nos esforçamos para que isso aconteça da noite para o dia. Isso nunca vai acontecer, por isso é hora de superar isso, levantar-se e fazer algum esforço para perder peso. O problema é que a maioria das pessoas quer perder peso, mas elas ficam por aí pensando sobre isso, em vez de consumir alimentos saudáveis ou planejar uma dieta saudável que forneçam nutrientes sem gerar ganho excessivo de peso.

Como posso me preparar para essas mudanças?

Você primeiro deve decidir que é isso que deseja fazer. Não será a coisa mais fácil de fazer. Com o tempo, você perceberá que fica mais fácil fazer isso. Portanto, você terá que dar algum tempo para fazer isso. Paciência é o maior problema com pessoas que desejam perder peso, que não querem esperar, que desejam que as mudanças aconteçam da noite para o dia.

Você pode querer iniciar um programa de exercícios.

Portanto, você calcula um plano que funcione para você. Você pode visitar sua academia local. Eles podem ajudá-lo a encontrar os melhores requisitos para você. Você decidirá a melhor dieta para você também.

Você pode começar a contar calorias tentando também uma dieta low carb ou o programa Jenny Craig. Você tem várias opções de plano de dieta para escolher, portanto, reserve um tempo para explorar. Não é tão difícil quanto você pensa.

Vai levar algum tempo para planejar tudo isso, mas será bom para sua saúde. Você deve conversar com seu médico para garantir uma dieta sem problemas.

Como posso perder peso mudando meus hábitos?

Quando você está tentando fazer dieta, precisa mudar alguns hábitos antigos e substituí-los por bons. Alguns velhos hábitos que você pode quebrar é estar comendo o tempo todo. Você deve comer apenas três vezes ao dia, sem se esgueirar entre as refeições. Vai ser difícil de manter. Mas se você se aprofundar profundamente e decidir que é isso que deseja, poderá fazer o que quiser. Você vai se tornar ativo de alguma forma, como fazer algum tipo de exercício. Isso seria sair do sofá e fazer você mesmo, andar, ou até mesmo ir à academia e fazer exercícios.

Terá que ser uma rotina constante todos os dias, portanto é necessário um cronograma para 3 vezes por semana. Você tem que fazer isso ou não vai funcionar para você. Então saia do sofá e faça.

Devo me recompensar quando fizer uma mudança construtiva que me beneficie?

Sim, você deve se recompensar a cada alteração que fizer. Por exemplo, se você perder 2 kg em uma semana, trate-se com um sorvete.

Depois de fazer isso por 2 semanas, como planejado, você poderá tirar alguns dias de folga. Portanto, recompensar é bom para você e seria bom, apenas não exagere. Comece a procurar seu guia hoje mesmo.

Procurando autoconfiança e mudanças construtivas para parar de fumar e fazer outras mudanças construtivas

Você já quis mudar seus hábitos ou comportamento, mas não conseguiu, descobrir como começar? Você pode ter pensado em fazer mudanças construtivas sem tomar medicamentos. Portanto, você deve procurar dentro de você para encontrar recursos que o orientem a fazer mudanças positivas.

Você precisa treinar sua mente novamente, explorar e fazer algo diferente usando novas ideias para desenvolver. Se você quiser parar de fumar, por exemplo, talvez possa explorar sua mente para melhorar sua força de vontade.

Quais são algumas das coisas que posso fazer para me ajudar a mudar meus hábitos?

Quando você quer mudar seus comportamentos, pode ter que decidir primeiro que tipos de coisas podem funcionar para você e experimentá-los, como talvez mastigar um canudo ou até chupar um pedaço de doce. Isso manterá sua boca ocupada. No entanto, você precisa realmente explorar sua mente e parar de fumar.

Você tem que decidir que é isso que você quer fazer. Você pode ter que treinar sua mente para fazer isso, mas isso pode ser feito se você realmente quiser. Acrescente a seus objetivos e planeje uma lista de consequências, inclua o que o fumo pode fazer com você. Como isso te beneficia?

Como eu procuraria por mudanças de comportamento em mim mesmo?

Você pode explorar sua mente para encontrar respostas enterradas em sua região subconsciente. Você também pode visitar a Internet para encontrar guias que fornecem opções. Pode haver algum material de leitura que possa ser útil, mas é necessário que você faça isso acontecer.

Isso é algo que você deve fazer e aplicá-lo ao trabalho. Se fosse tão fácil quanto checar livros na biblioteca, haveria muita gente que não fumava. Muitas pessoas que querem parar com esse hábito desagradável de fumar, mas são incapazes de fazê-lo.

Por que eu deveria fumar?

As razões para querer parar de fumar são muitas. Você pode não ter recursos para eles, os motivos de que prejudicam sua saúde e dos que estão ao seu redor. Eles mancham seus panos, cortinas, aparência em suas fotos, dentes, etc. Esse é um hábito muito fétido. Portanto, se você é capaz de parar, realmente precisa considerar.

Quais são algumas das coisas que você pode querer fazer em vez de fumar?

Fumar é um mau hábito que você deseja eliminar. É o hábito da nicotina; também, a maioria das pessoas que fumam tem uma condição nervosa. Quando você fuma, você usa as mãos a maior parte do tempo, terá que encontrar algo para fazer, para que suas mãos fiquem ocupadas, esperando o cigarro que não é bom para você. Isso pode ser feito, tudo o que você precisa é se aplicar e faze-lo.

Você pode começar desenvolvendo sua força de vontade e aprendendo a gostar de você. Não vai aparecer durante a noite ou em uma semana; você terá que trabalhar nisso a partir do momento em que decidir parar acabar com o hábito. Os desejos voltarão a toda a vida. É quando você terá que usar sua força de vontade e continuar a assumir o controle de sua vida. Visite a Internet para encontrar mais informações em seu guia de autossuficiência em mudanças construtivas.

Encontrar

Encontrar autoconfiança e mudanças construtivas é fácil quando uma pessoa percebe que as está incomodando e como elas podem fazer mudanças e obter sucesso. Ao fazer mudanças construtivas, você precisa saber quem você é e como.

Você precisa saber quem é e como gosta dessa pessoa antes de poder fazer boas mudanças construtivas. Encontre seus sentimentos internos usando habilidades de pensamento subliminares. Descubra todas as dúvidas que você tem usando sua mente subconsciente. Viaje para dentro para ver dúvidas, medos e trabalhe para removê-los. Somente você pode ver seus sentimentos interiores; e você tem que decidir sobre as mudanças que você pode fazer para se sentir melhor sobre você e a vida. Ninguém pode fazer mudanças em sua vida, exceto você.

Use guias para incentivar sua autoconfiança a ganhar vida, para que você possa fazer mudanças construtivas. Encontre guias que lhe ajudem e depois estabeleça metas. Você pode aprender a tomar boas decisões, ser mais saudável e mais feliz sabendo com êxito em que direção deseja seguir. Os guias podem consistir em uma lista de objetivos. Às vezes, você precisa descobrir artigos on-line, CDs, livros, planos, meditação e muitas outras coisas para mudar velhos hábitos. Quando você usa, o motiva e promove energia para o sucesso. Torne-se uma nova pessoa encontrando o guia para você.

Quando estabelecemos metas e como escrevemos no papel, muitas vezes ajuda você a ver com mais clareza. Essa é uma ótima maneira de aumentar a autoconsciência. Com seus objetivos e mudanças em preto e branco, eles são destacados para lembrá-lo de que estão vivos e prontos para você assumir o comando. Ao ler uma lista, você pode reprogramar seu cérebro para pensar positivo ao fazer essas mudanças.

Use o CD para desenvolver habilidades de autoconfiança para fazer mudanças construtivas. Quando estamos estressados sem energia colocando um CD vai ajudá-lo a relaxar e ganhar energia para construir sua autoconfiança. Não precisa ser um determinado tipo de música para lhe dar energia quando você está deprimido. A música lhe proporciona um impulso para esquecer o que está estressando tanto. Se é necessário um som de batida rápida para você se movimentar, então relaxe. Algumas pessoas preferem um som baixo e suave para ajudá-las a aliviar o estresse. Depois de aliviar o estresse, sua autoconfiança aumentará para fazer mudanças construtivas para diminuir os estressores.

Pratique meditação para desenvolver suas habilidades de autoconfiança. A meditação o guiará ao relaxamento, para fazer mudanças construtivas melhores na maneira como você se sente sobre si mesmo e com aqueles que o rodeiam. Todos nós precisamos de energia para fazer boas mudanças construtivas; aprender habilidades de meditação nos guiará. Ao aliviar o estresse com a meditação, nos sentimos melhor e temos mais energia para tomar uma boa decisão.

Exercício com um plano é um bom guia para desenvolver uma autoconfiança para aliviar o estresse. Com um plano em mãos para atender ao motivo, o exercício se torna um desafio. Fique motivado e tenha mais energia para aliviar o estresse com um plano de mudanças construtivas para melhorar a saúde. Ao aliviar o estresse, ajuda a prevenir a pressão alta, dormir mais tranquilo, doenças cardíacas e promover mudanças melhores para uma vida mais saudável e mais longa.
Os programas de software o ajudarão a aliviar o estresse. É fácil encontrar o software certo pesquisando na Internet para criar sua autoconfiança. Existem downloads gratuitos que podem ser qualificados no seu PC para ajudar a guiá-lo quando você estiver sem energia.

Comece hoje a criar sua autoconfiança, pensando positivo e usando guias para fazer mudanças construtivas com sucesso. Você ficará muito feliz por ter usado guias para ajudá-lo a aliviar o estresse e aumentar a energia. Descobertas são suas ferramentas para encontrar seu guia de autossuficiência e mudanças construtivas.

Descobertas no Guia de Autossuficiência e Mudanças Construtivas

É mais fácil descobrir seu rumo para a responsabilidade própria e mudanças construtivas depois que você aprender a gostar de você. Depois de aprender a identificar quem você é e começar a gostar de você, você descobrirá que outras pessoas também gostarão de você.

Mudanças prolíficas são possíveis puxando as descobertas em sua mente subconsciente. Quando você explora sua mente, encontra sua paz interior. Quando você encontra essa paz, muitas vezes suprime pensamentos e pensamentos que você reteve ao longo dos anos. Subconscientemente, você pode descobrir dúvidas que possam ter em sua capacidade de executar. Viaje em sua mente interior para descobrir essas dúvidas relacionadas aos seus medos e, em seguida, alaúde para libertar esses caçadores para assumir o controle de sua vida. Somente você pode ver sua mente focal; e você tem que resolver suas complicações aprendendo a gostar de você.

Descubra seus recursos visuais para incentivar sua autoconfiança a alertar seu vigilante para que você possa fazer mudanças produtivas. Encontre exemplos que ordenam ajudá-lo e depois explore suas possibilidades.

Explorar sua ética, metas, planos, problemas e assim por diante pode ajudar a reduzir as amaras que o impedem de fazer mudanças positivas. Periodicamente, você precisa descobrir recursos on-line, como CDs, artigos e outras fontes que o treinem para meditação. Descubra seu olheiro interior para incentivar sua motivação ou intenções de promover energia.

Como explorar sua mente:

Cada um de nós é diferente. Existe apenas uma pessoa, então você precisa aprender o que funciona para você. Descobertas são sobre o que é usar sua própria autoconfiança.
O ponto é que você deseja deixar seus pensamentos claros para poder ver o que precisa fazer para fazer mudanças construtivas usando suas habilidades de autoconfiança. A meditação irá ajudá-lo e a sua consciência.

Abalar ou obter sob coação, praticando meditação para enquadrar suas habilidades de autossuficiência. A meditação ajuda você a relaxar. Quando você se sentir relaxado, fará mudanças criativas pensando de maneira lógica e razoável. Ocasionalmente, todos precisamos construir energia para fazer mudanças excelentes, aprendendo habilidades de meditação para nos comandar.

Se você precisar de ajuda para encontrar seu guia de autoconfiança e mudanças construtivas, encontrar encontrando os programas de última geração on-line para aumentar sua autoconfiança, pensando positivo e usando guias para fazer mudanças práticas. A energia do estresse se acumula para encontrar o relaxamento.

Online, você encontrará programas de software que o captarão para reduzir o estresse. Descobrir este programa de software é mais fácil quando você pesquisar na Web. Você descobrirá downloads gratuitos, incluindo o neurofeedback de software. Reserve um tempo para conferir esses programas, pois você vai se surpreender com os resultados. Esses programas são úteis para guiá-lo ao relaxamento.

Tenha um plano. Os planos promovem o desenvolvimento e autoconfiança para alívio do estresse. Os planos promovem uma motivação, o que aumenta a energia.

Pratique autoimagem positiva ou meditação diária para criar sua esperança. Comece com descobertas contemporâneas para construir sua autoconfiança, ponderando sobre pensamentos positivos que o guiam para mudanças construtivas.

Só a descoberta, a autoconfiança, a interdependência e as mudanças construtivas, pois você formar novas ideias, e aprende a assumir o controle de sua vida. Encontrar seu guia para autoconfiança e mudanças construtivas é fácil quando você começa a perceber o que está irritando ou desagradando.

A regra básica a considerar ao procurar seu guia para a autossuficiência e mudanças construtivas é encontrar maneiras de gerar energia. Só o desenvolvimento de energia incentivará o pensamento positivo, que você escolha a ver como for necessária para assumir o controle. Explore você para descobrir autoconfiança e mudanças construtivas.

Explorando você para a autossuficiência e mudanças construtivas

A maioria das pessoas procura soluções para fazer as mudanças que as guiem para o sucesso. Muitas pessoas fracassam, simplesmente porque optam por confiar em outras pessoas para ajuda-las a obter renda substancial, manter a unidade familiar forte e assim por diante. Muitas pessoas não conseguem ver que olhar para dentro de si mesmas ajudará a encontrar respostas para muitos problemas.

Se você considerar que as pessoas ao longo dos anos se basearem em influências que levam a grandes confusões, será necessário fazer alterações que o levem ao sucesso. Por exemplo, as pessoas da Wicca décadas atrás eram consideradas bruxas, que dependiam muito de recursos naturais e usavam vários remédios à base de plantas para curar. Em resumo, porque essas pessoas não eram como uma sociedade normal, eram consideradas más. Para resolvidos, essas pessoas eram almas graciosas procurando respostas, assim como você.

Atualmente, a Wicca está se tornando popular, desde que as pessoas dispostas a ver que os recursos naturais nos beneficiam mais do que remédios medicinais. Em vez disso, de perseguir ou matar essas pessoas inocentes marcantes como buscadoras de remédios holísticos ou da Wicca, agora nós nos levantamos para convidá-las a nos dizer ou nos mostrar remédios para curar a alma.

Hoje, o dicionário define a Wicca como uma espécie de prática religiosa que envolve cultos orgânicos e bruxaria. Isso está muito longe da verdade. Como você vê influências podem desviar você. Portanto, você quer aprender a usar sua própria autoconfiança para se adaptar às mudanças construtivas que levam ao sucesso.

Em vez de apostar em influências, tente encontrar como verdades dentro de você. Use seu poder mental para descobrir suas próprias respostas.

Como usar seus poderes para descobrir suas próprias respostas:

Comece com meditação. A meditação o ajudará a refletir sobre as perguntas. Use uma ruminação para contemplar e considerar os problemas que você enfrenta. Use seu pensamento cognitivo para desenvolver suas habilidades, criativas e deliberar sobre cada pergunta até descobrir respostas para sua pergunta.

Quando você aprende a meditar diariamente, isso ajuda a desenvolver suas habilidades de resolução de problemas. Explore sua mente subconsciente para criar consciência. Entre em sua mente de bom grado para encontrar aprendizados, experiências, história etc. que afetem sua mente desprovida de consciência. Em resumo, você tem respostas ocultas em sua mente subliminar ou subconsciente. Use práticas de meditação para explorar e encontrar suas respostas.

Só você sabe o que precisa. Somente você pode explorar sua mente para encontrar respostas e construir sua personalidade, crescendo para amar você. Quando você começa a amar você, você começa a se sentir bem desde que começa a pensar positivo e a encontrar respostas para os problemas que o guiam para o sucesso. A vida se torna mais fácil. No entanto, você deve continuar seu processo de aprendizado por toda a vida para obter o máximo de benefícios da descoberta.

Depois de desenvolver habilidades construtivas, você achará mais fácil fazer mudanças. Ai, você avança e escolhe ver áreas em sua vida que pode melhorar para guiá-lo ao sucesso.

Aprenda com a história. Pegue as informações que você aprendeu e use-as para sua vantagem. O que você aprende pode ajudá-lo a encontrar maneiras de aumentar seu sucesso. Aprenda a desenvolver motivações. Com isso, quero dizer aprender a reformar maus hábitos que confundem suas emoções. Considere seus hábitos e hábitos. Revisar como consequências padrões que podem impedi-lo de obter o máximo de seu potencial.

Continue seguindo em frente até desenvolver mudanças construtivas que o façam se sentir vivo. A cada passo que você der, será mais fácil responder às perguntas, encontradas como ganhar dinheiro, amigos e manter sua unidade familiar viva. Entre na estrada para o sucesso, desenvolvendo habilidades de autoconfiança para fazer mudanças construtivas.

Mudanças construtivas na autossuficiência e mudanças construtivas na estrada para o sucesso

Todos nós ouvimos as declarações ao longo da vida, como, "se você quiser que tudo seja feito de certa maneira, então se ocupe e faça você mesmo". Pense nessa afirmação, pois as noções são fatos que todos nós devemos considerar.

A maioria de nós possui habilidades e respostas que nos guiarão ao sucesso. O sucesso, no entanto, confunde como as pessoas, pois todos nós temos algo diferente para oferecer que nos leva a seguir diferentes. Portanto, algumas pessoas acham mais difícil do que outras obter sucesso, simplesmente porque estão no lugar de outra pessoa. Tudo o que é necessário para encontrar seu sucesso é tirar os sapatos de outra pessoa e preencher com os seus. Pouquíssimas pessoas concordam que é fácil obter sucesso. A maioria das pessoas fica sentada dizendo, o sucesso só acontece com os sortudos. Isso é verdade para eles, simplesmente porque mantêm esse pensamento negativo, que os impede de ter seu próprio sucesso.

Honestamente, o sucesso é mais difícil porque a maioria das pessoas não consegue ver como obtê-lo. Frequentemente, dependem de outros para levá-los à estrada do sucesso. A verdade é que encontrar o seu sucesso leva você. Se você olhar para dentro de você e explorar sua mente, ficará surpreso com as respostas que encontrará e que poderá usar no que diz respeito à autossuficiência e a mudanças construtivas.

Reserve um tempo para explorar você. Aprenda agora como entrar na estrada que o guia para o sucesso, explorando suas forças interiores, mente etc.

Quando você reserva um tempo para explorar sua mente, isso não apenas aumenta sua consciência, mas também o orienta para a descoberta. Você começa a aprender com suas experiências, aprendizado, passado e outros aspectos de sua vida. Você começa a deixar para trás as influências que o desencaminham e passa a confiar em você para encontrar respostas e entrar no caminho do sucesso. A chave é ir devagar. Em vez de esperar muito de você, ou esperar um milagre da noite para o dia, você aprende a acompanhá-lo e descobrir verdades e respostas interiores.

O fato é que fomos criados com habilidades e até mesmo conhecimentos inatos. Aprendemos observando nossa natureza, o que nos ajuda a ver o que devemos fazer para viver mais felizes e alcançar nosso próprio sucesso. Explorando a natureza e sua totalidade, você descobrirá que o que deve fazer é aprender a aceitar que foi criado com um espírito inato que o direciona diretamente ao seu criador. Assim que começar a ver isso, você terá uma alimentação mais saudável. Em vez de depender de alimentos fabricados pelo homem, você começa a cultivar sua própria comida para viver mais saudável. Todos nós sabemos que produtos manufaturados feitos pelo homem agora estão contaminados e estão causando grandes danos a milhões de pessoas. Portanto, temos que agir agora para confiar em nós para tomarmos posse do que nosso corpo e mente precisam para sobreviver.

O que isso tem a ver com autossuficiência, mudanças construtivas e sucesso? Tem tudo a ver com isso, já que se seu corpo não estiver comendo nada saudável, sua mente será afetada. Quando sua mente é afetada, você não consegue pensar direito. Além disso, o mundo está caminhando para a escassez de alimentos, doenças epidêmicas e assim por diante. Então você vê que, explorando seus recursos naturais, você pode entrar na estrada para o seu sucesso.

Pegue seu caminho agora explorando seu futuro, história e sua mente.

 A arte da autoconfiança + bônus

Explorando apenas sua mente, você desenvolverá consciência, habilidades e limpará a desordem, como medo, dúvidas, etc, o que o ajudará a encontrar o seu guia que o levará ao sucesso. Aborde os reforços para fazer mudanças construtivas.

Abordando Reforços na Autossuficiência e Mudanças Construtivas

Você já decidiu mudar velhos hábitos ou comportamentos de reforço que o atrapalham? Parece que não importa o quanto você se esforce para fazer mudanças, parece que você não chega a lugar nenhum? Talvez você tenha tentado algumas etapas, mas todas falharam antes de fornecer os resultados desejados. O problema está oculto aos olhos de sua mente, mas se você explorar sua mente, olhando para dentro, descobrirá recursos para guiá-lo para mudanças construtivas.

Você deve treinar novamente a cavidade de sua mente para explorar e fazer algo distintamente diferente, atribuindo novas ideias, que você desenvolverá a partir de sua exploração. Se você deseja mudar hábitos, como roer as unhas, por exemplo, talvez deva examinar sua mente para melhorar seu impulso disciplinar.

Quando você deseja se adaptar a novas mudanças, concentrando-se em seus padrões de hábitos, seus comportamentos, você pode ter que decidir primeiro o que pode funcionar para você. Depois de descobrir o que funciona para você, cabe a você aplicar esforços para fazer mudanças construtivas.

Você deve aprender a dar ordens para assumir o controle de sua vida. Você tem que treinar suas concepções para pegar a mão do seu guia e fazer acontecer. Primeiro, comece definindo algumas metas, criando planos e, em seguida, trabalhando para realizar o que deseja fazer.

Você pode se beneficiar ao examinar suas concepções ou pensamentos para descobrir respostas profundamente arraigadas em sua mente subconsciente. Se precisar de ajuda, visite a super via da Informação para descobrir guias que podem oferecer conselhos para colocá-lo no caminho certo. Você pode encontrar alguns guias de leitura ou livros que pode usar para oferecer ajuda. Mesmo assim, é preciso esforçar-se para que isso aconteça.

Isso é algo que você deve fazer e implementar para funcionar. Se fosse tão fácil quanto verificar composições ou livros na biblioteca, haveria inúmeras pessoas encontrando alívio para roer as unhas. Por que mudar hábitos, como roer unhas, é considerado uma mudança construtiva?

Podemos considerar algumas perspectivas. Em primeiro lugar, se você for a uma entrevista para conseguir um novo emprego e o entrevistador notar que você está roendo as unhas, ele / ela vai pensar que você é uma pessoa nervosa que afeta sua tomada de decisão e você pode não conseguir o emprego. Linguagens corporais, como roer unhas, são indicadores para ajudar os entrevistadores a decidir se você pode se qualificar para o trabalho.

Em segundo lugar, quando você roer as unhas, está digerindo germes dos quais não tem conhecimento e isso pode afetar sua saúde com o tempo. Além disso, você diminui sua aparência ao roer a carne com as unhas.

Como faço mudanças para interromper velhos hábitos?

Em primeiro lugar, você começa desenvolvendo sua força de vontade e aprendendo a gostar de quem você é. Não configure roadblocks. Mudanças construtivas não acontecem durante a noite ou em uma semana; em vez disso, você deve perseverar para fazer mudanças construtivas. A força de vontade é o seu executor e eliminador. Quando você constrói sua força de vontade, encontra seu guia para a autossuficiência e acha mais fácil fazer mudanças construtivas. Visite a Informational Superhighway online para descobrir mais informação ou estudos que o ajudem a encontrar seu guia para a autossuficiência em mudanças construtivas, aprendendo como desenvolver sua força de vontade. Esse é o seu impulso que o ajuda a desenvolver a autodisciplina, que vem da força de sua mente. A força de vontade lhe dá determinação para resolver problemas.

Você pode mudar suas fraquezas, como roer as unhas, desenvolvendo sua força de vontade e autossuficiência hoje. Da mesma forma, você deve olhar dentro de você para descobrir os recursos que o orientam para mudanças futuras. Aborde seus comportamentos de reforço para ver onde você precisa fazer uma mudança. Reajuste sua atitude para encontrar seu guia para a autossuficiência.

Reajustando sua atitude em relação à autossuficiência e mudanças construtivas

Concentre-se no que você deve fazer para fazer mudanças, parando de dar espaço para o apocalipse, isto é, prever desastres pensando negativo. Em vez disso, direcione seus poderes internos para desenvolver auto-responsabilidade para fazer mudanças construtivas. No momento em que você se torna consciente e identifica quem você é, descobrirá forças interiores que o guiam para o sucesso.

Mudanças prolíficas são possíveis puxando as descobertas em sua mente subconsciente. Quando você explora suas concepções, muitas vezes encontra sua paz mais profunda e constitucional.

Quando você aprender a relaxar com frequência, começará a liberar os sentimentos reprimidos e as considerações que reteve ao longo da vida.

Inconscientemente, você pode eliminar dúvidas que prejudicaram sua aptidão para o desempenho. Reserve algum tempo para explorar suas concepções mais íntimas e descobrir dúvidas que direcionam para seus medos. Aproveite essas dúvidas para liberar seus medos e assumir o controle de sua vida. Só você pode ver sua alma focal; e você tem que desafiar e buscar soluções para minimizar suas complicações que o impedem de chegar ao sucesso.

As descobertas de desenvolvimento incluem seus auxiliares de percepção que encorajam sua Autossuficiência para fazer mudanças produtivas. Explore exemplificações que lhe emprestam um guia diretivo e, em seguida, comece a examinar seu cliente potencial.

Explorar suas metas e criar planos pode atuar como reforçadores que o orientam para diminuir os obstáculos que o impedem de comandar mudanças positivas. De vez em quando, você deve descobrir recursos de mensagens eletrônicas ou correspondências publicadas na rede, como CDs, editoriais e outros recursos que o ajudem a treinar sua mente. Procure guias para praticar a cerebração ou meditação. Descubra guias para encorajar sua motivação ou intenções de promover energizadores renovados.

Explorando sua mente com sucesso:

Você pode deixar seus pensamentos mais claros para que possa imaginar o que deve fazer para fazer mudanças positivas atribuindo seus poderes de Autossuficiência. A meditação pode ajudá-lo a construir sua compreensão.

Capture suas compulsões praticando a cerração ou meditação para desenvolver suas ferramentas de autossuficiência. Aprenda a relaxar. No momento em que você sentir uma sensação de facilidade, começará a fazer mudanças inventivas, concentrando-se lógica e analiticamente. Aprenda a se associar com sua mente

 A arte da autoconfiança + bônus

e corpo para fazer mudanças positivas com sucesso.

Permita que suas compulsões o ajudem a descobrir seu guia para a autossuficiência e comece a explorar os programas, mensagens eletrônicas ou correspondências mais recentes publicadas na rede para encorajar sua autossuficiência pensando positivo e atribuindo guias para fazer mudanças de bom senso.

Na super rodovia da informação, você encontra excedentes guias de ajuda. Se você tiver um computador com um programa Windows Media, terá ferramentas de neurofeedback e biofeedback disponíveis. Visite suas lojas para comprar sons da natureza em música. Conecte-os em sua unidade D / E e abra sua mídia. Clique para reproduzir o hit e, em seguida, solicite a visualização de recursos visuais enquanto ouve a música. Você encontrará relaxamento. O relaxamento é a primeira escolha. Ou seja, você deseja aprender a relaxar com mais frequência, para que possa desenvolver habilidades liberando sua mente interior.

A regra essencial de acerto e erro a se considerar enquanto busca seu guia para a autossuficiência para fazer mudanças construtivas é descobrir métodos e meios para construir ou renovar energizadores. O desenvolvimento da energia inspirará a concentração positiva, que você pode embarcar ou começar a ver a escada que o ajuda a subir ao topo do sucesso.

A descoberta é outro guia para auto-interdependência e mudanças produtivas, desde quando você desenvolve novas ideias, de associação; você aprende a assumir o controle de sua vida. Aja hoje para encontrar o seu guia para o sucesso, reajustando sua atitude. Remova os enganos para encontrar o seu guia para a autossuficiência, para que você possa fazer mudanças construtivas.

Removendo Engano na Autossuficiência e Mudanças Construtivas

Todos nós precisamos fazer mudanças. Não há exceções à regra. Quando fazemos mudanças para melhor, muitas vezes nos ajuda a imaginar nosso caminho para o sucesso. A chave para fazer mudanças positivas, entretanto, centra-se em remover enganos.

Analise as decepções rapidamente e pense no início de todos os nossos problemas como espécie humana. A primeira mentira é o que leva aos nossos modos de vida infelizes, sem falar nas muitas decisões erradas que as pessoas tomaram ao longo dos anos.

As decepções são desonestas. A desonestidade é uma trapaça que frequentemente leva ao fracasso. Isso ocorre porque, quando você é desonesto, você é fraudulento, trapaceiro, pretexto e assim por diante. Quando você remove enganos para fazer mudanças construtivas, isso leva à honestidade.

A abertura que você desenvolve direciona sua vida para fazer mudanças construtivas, confiando em você.

Mudanças inesgotáveis são mais fáceis quando você faz descobertas em sua própria mente. Em vez de confiar nos outros, aprenda a confiar em você explorando sua história, aprendizado, experiências, pensamentos, crenças etc. e, em seguida, mova-se para remover quaisquer enganos que possa encontrar.

Em primeiro lugar, compreenda que você precisará remover quaisquer influências do seu passado que deixaram impressões em sua mente. Mesmo que essas influências não tenham deixado impressões, seu subconsciente armazenou e ocultou informações que você aprendeu com essas influências. O objetivo é remover algumas dessas influências. Por exemplo, você provavelmente foi para a escola. Durante seu aprendizado educacional, você estudou muitos tópicos e foi influenciado por muitos colegas e professores. O que você não sabe é que durante esse processo de aprendizagem, você apenas captou 50% dos fatos.

Os cálculos restantes são enganos que você aprendeu com informações equivocadas que alguém não conseguiu pesquisar, analisar e encontrar os fatos para apoiar as alegações. O que você precisa fazer agora é remover esses enganos para encontrar suas próprias provas e descobrir sua verdade.

Todos nós estamos sujeitos a ensinamentos religiosos, instrutores em programas de educação, pais, seus pais, seus pais e…. A questão é que o que nossos pais aprenderam com seus pais nos foi transmitido e assim por diante. Veja, temos um padrão de influências que devemos examinar de perto para encontrar nossa verdade.

Nossa verdade não significa aceitar comportamentos ou hábitos imorais que nos causam angústia. Ao permitir espaço para esse tipo de aceitação, você abre espaço para mentes desordenadas. Você deseja limpar essa desordem examinando atentamente sua atitude, hábitos e comportamentos.

Por exemplo, você concorda e age em harmonia com as crenças, como "não há problema em assistir a programas de sexo explícito na televisão, violência etc.

Se o fizer, terá muitos enganos a explorar, uma vez que essas atividades imorais apenas o levarão ao desastre. Uma mentira é uma mentira. Não há maneira de contornar isso. Para descobrir a verdade, você deve deixar essas mentiras para trás e remover todas as influências que o levam a acreditar que esses atos imorais são aceitáveis.

Reserve um tempo esta semana para praticar a visualização de programas de saúde, programas de aprendizado etc., sem visualizar programas prejudiciais que retardam seu progresso de fazer mudanças construtivas. Reveja sua semana depois de concluir este teste e discuta com você o que aprendeu e explore seus sentimentos. Você inspirará motivação e energias positivas cada vez que aderir a esses testes. Na verdade, é garantido que você se sentirá melhor removendo enganos de sua vida e mente.

Somente você pode visualizar suas forças interiores para resolver seus inconvenientes, aprendendo a remover enganos. Tire um tempo para explorar hoje!

Lidando com os medos para a autossuficiência e mudanças construtivas

Mudanças são dúvidas ou inseguranças carregadas de medos que nos impedem de ter sucesso. Falando com autoridade, muitas pessoas comuns enfrentam medos que as impedem de atingir seu desempenho máximo. As dúvidas ou inseguranças muitas vezes emergem do conceito, mudança.

A maioria das pessoas teme mudanças. Eles não percebem que a mudança pode ser recompensadora. As mudanças nos permitem modificar nossa vida para transformar ou atingir pontos de ruptura que nos ligam ao passado. Esses pontos de ruptura nos ajudam a fazer os ajustes necessários, incluindo mudanças construtivas. O processo nos permite modificar diferenças para fazer emendas e ajustar a conversões ou mudanças construtivas.

Mudança em todos os sentidos não tem nada a ver com medo que só causa frustrações especificamente se você for honesto. Dúvidas ou inseguranças requerem habilidades especiais para que você possa se adaptar às mudanças construtivas. Você quer começar construindo sua consciência.

Visualizar alguns casos que focalizam pensadores negativos e positivos e como essas mudanças podem quebrá-lo ou fazer você pode ajudá-lo a se relacionar com as mudanças positivas.

Por exemplo, tome uma mulher lutando contra a obesidade. Ela pode investir em exercícios e dietas constitucionalmente para fazer mudanças de forma honesta, mas à medida que progride, começa a lidar com o ritmo circadiano, altercações físicas e transtornos mentais que podem direcioná-la para a perda de peso.

Essa mudança positiva acontecerá se você seguir uma rotina de exercícios, dieta alimentar e trabalhar habitualmente para atingir seus objetivos. Só então ela obterá benefícios de seus esforços.

Olhando para uma situação semelhante, se esta pessoa, ainda reverter para mudanças incolores para ver o que pode ocorrer. Perceba, se ela pensar negativo. O que vai acontecer é que essa pessoa vai se sentir paralisada e, muitas vezes, ficará ressentida com ela e não verá todo o seu potencial que

poderia levá-la ao sucesso. Essa pessoa provavelmente desenvolverá uma baixa autoestima. Isso porque ela permitiu que suas emoções ou inclinações de sentimentos tomassem o controle. Ela deixou espaço para subscrever as regras dos compromissos, enquanto diminuía em seu pensamento negativo. Ela provavelmente gravitará em direção à compulsão alimentar, digerir alimentos, sentir-se sem esperança e, finalmente, ela perderá seu valor ou autoestima.

Como muitas pessoas temem mudanças, as soluções estão surgindo. Mudança é o processo de adaptação a algo novo. Quando você transforma seus comportamentos, hábitos, etc. em construtivos, isso só lhe traz grandes recompensas.

Quando você permanece preso aos mesmos padrões, você apenas o impede de alcançar o sucesso. No rescaldo anterior, este exemplo está claramente com medo e consumido por ela, suas próprias dúvidas ou inseguranças de demissão ou rejeição. Este exemplo é uma infinidade de modificações que podem conduzi-la ao sucesso.

Com medo de sua capacidade de fazer ajustes, o último exemplo provavelmente não terá sucesso, portanto, ela deve enfrentar seus medos de frente para fazer mudanças construtivas que a guiem à autossuficiência.

Vemos traços de pessoa tímida, com baixa autoestima e com medo de fazer emendas que por direito pertencem a ela. Obviamente, essa pessoa tem pavor de diferenças. Portanto, devemos enfrentar nossos medos para encontrar nosso guia para a autossuficiência que nos leva a fazer mudanças construtivas.

Infelizmente, milhões de pessoas continuam presas. Eles temem o pior quando são apresentados a mudanças. Essa ação só causa problemas para eles e para outras pessoas no mundo. Para fazer mudanças construtivas, você deve olhar para a pessoa no espelho e decidir o que fazer para ser bem-sucedido. Pare em sua biblioteca local, livraria, visite a Internet para descobrir como entender o medo do sucesso. Aprenda algumas dicas de gerenciamento de estresse para ajudá-lo a desenvolver suas habilidades de autossuficiência.

Gerenciamento de estresse em autossuficiência e mudanças construtivas

Você tem muitas opções para controlar o estresse. Depende inteiramente de você agir e encontrar seu guia para controlar o estresse. Aqui estão algumas opções a serem consideradas enquanto isso. Você pode ver o estresse como seu inimigo ou aceitar o estresse como seu amigo para ajudá-lo a assumir o controle de sua vida e alcançar o sucesso.

Se você vê o estresse como seu inimigo, enfrentaremos os sintomas depressivos, uma vez que eles estarão por perto o saudando de braços abertos.

O estresse está naturalmente disponível e, em uma escala diária, ele distribui fatores de estresse para a vida de todos os dias. No máximo, alguns de nós combatemos esses estressores para minimizar o estresse tomando medidas positivas. Reduzir os estressores então é o seu guia para gerenciar o estresse, mas você deve encontrar suas ferramentas autossuficientes para fazer mudanças construtivas que o direcionem ao sucesso.

Nenhuma pessoa no universo pode afirmar que não vive cada dia sem lidar com o estresse. Portanto, a chave do sucesso é aprender a regular os estressores de forma eficaz para controlar o estresse.

A maioria das pessoas comuns pensa que o estresse é seu inimigo ou um acidente prestes a acontecer. À luz de suas noções, o estresse pode ser seu melhor amigo, mas tudo o que você precisa fazer é aprender estratégias para ter sucesso com seu amigo recém-descoberto. Em toda a devida diligência, ou considerando de forma apropriada e cuidadosa, o estresse é um grau de foco prudente do assunto que inclui exercícios, padrões, regras estabelecidas e assim por diante que determina como você lida com o estresse. Claro, essas regras envolvem metas, planos e ações. Sem essas três regras, você terá dificuldade em controlar o estresse.

O estresse funciona para você se você aprender a administrar. Na maioria das vezes, as pessoas experimentam cargas maiores de estresse devido a ferimentos, morte, doenças e assim por diante. É claro que, se um ente querido morrer, você terá que lidar com um cronograma de luto, mas aprender a perceber que o poder não está em suas mãos pode ajudá-lo a voltar para sua vida.

Observe os fatores de estresse quando chegarem. Você notará que o estresse aumentará no momento em que você estiver atribuindo responsabilidades ou quando deverá fazer mudanças. Por exemplo, quando você compra um carro ou uma casa nova, você assume outras responsabilidades.

Quando você faz novas compras, precisa se adaptar, fazendo mudanças para se acomodar às novas responsabilidades financeiras. Então, você luta ainda mais quando percebe que precisa pagar pelo seguro, pela manutenção da casa e do carro e por todo aquele lixo bom que vem junto com o acréscimo de responsabilidade à sua vida.

Há mais. Você começa a perceber que agora deve fazer mudanças construtivas para se adaptar e cumprir suas responsabilidades. O que você fez foi aumentar sua carga de estressores, o que, por sua vez, trará mais estresse.

Mudanças construtivas à autossuficiência:

Logicamente, se você planeja e define metas antes de decidir comprar uma casa ou carro, tomando uma grande decisão que pode causar sobrecarga de estresse, você encontrará metas de autorrealização mais fáceis e verá que reduzirá os estressores, em vez de aumentar.

A
s maiores falhas do mundo vêm de decisões erradas ou de pessoas que não colocam suas melhores intenções em primeiro lugar. Quando você prontamente adiciona fatores de estresse à sua vida sem calcular de perto como esses fatores de estresse irão se acumular, aumentando o estresse, você apenas se

coloca no caminho de doenças cardíacas, diabetes, pressão alta e todas a
quelas outras palavras desagradáveis que tornam sua vida miserável. Aprenda a
pensar primeiro e a agir depois de planejar cuidadosamente seus planos e
objetivos.

Em busca de seu guia para autossuficiência e mudanças construtivas

Procurando seu guia meditando para descobrir mensagens subliminares
escondidas na mente para encontrar seu guia para fazer mudanças positivas:

Durante o processo de envelhecimento, nossa mente subconsciente ouve e
observa coisas que armazenará para uso posterior, incluindo aprendizado
negativo. Você pode ter ouvido alguém em sua história rebaixar suas
habilidades, dizendo que você não pode fazer algo, em vez de lhe dar a chance
de tentar. Essas mensagens negativas se escondem em sua mente
subconsciente e espera mais tarde, quando alguém as aciona para ganhar vida.

O cérebro armazena esses pensamentos para usar mais tarde, quando menos
esperarmos que eles nos façam falhar. Os pensamentos negativos que são
armazenados em nosso cérebro e mente podem destruir mais tarde o nosso
desempenho.

Aprenda a reprogramar o cérebro para ter pensamentos positivos, descobrindo
seus sentimentos internos de autossuficiência e mudanças construtivas. Ao
reprogramar seu cérebro para esquecer os pensamentos negativos, levará
tempo e prática para superá-los. A chave do sucesso é aprender a fazer
mudanças construtivas.

Sente-se e olhe para dentro, meditando para encontrar seus verdadeiros
sentimentos interiores. Por que você se sente tão pra baixo e o que está te
deixando tão estressado com a vida em geral. Escrever seus pensamentos no

papel será positivo, tornando-os vivos e ativos.

Agora você pode usar a meditação como guia para ajudá-lo a desvendar esses sentimentos negativos para estimular o pensamento positivo. Aprenda agora como desenvolver suas habilidades de autossuficiência para fazer mudanças construtivas que o orientem a pensar positivo.

Aprenda a se concentrar em um problema de cada vez. Deixe os outros problemas irem até você resolver o primeiro problema. Reprograme sua mente escrevendo seus pensamentos e sentimentos no papel. Revise o que você escreve e releia em um tom suave e baixo. Reprograme sua mente para pensar positivo, revendo seus pensamentos e sentimentos com frequência.

Use a meditação para desenvolver habilidades úteis para minimizar o estresse. Aprenda a tomar boas decisões. Pratique meditação e aprendizado subliminar diariamente para melhorar suas habilidades. Reserve um tempo para encontrar ferramentas de gerenciamento para lidar com o estresse, tempo etc.

O estresse, quando permitirmos, drenará nossa energia. Os pensadores negativos drenam energia positiva diariamente, que poderia ser usada para restaurar suas vidas. Livre-se dos sentimentos negativos e torne-se positivo para desenvolver suas habilidades de autossuficiência.

Sem cotas de metabolismo suficientes ou energia, começamos a perder o controle. Logo, sem energia e controle, o sofá se torna nossa casa. Quanto mais deprimidos estamos, mais tendemos a ganhar ou perder peso. A depressão começa a dominar o que pode se tornar mortal para muitas pessoas. Ter o controle é muito importante para ter sucesso com a maneira como nos sentimos sobre a vida.

Com guias para ajudá-lo a ficar no caminho certo e pensar positivo, você se beneficiará com o passar do tempo.
Sua energia aumentará com guias para ajudar a diminuir os fatores de estresse.

Planeje um programa de exercícios para aumentar a energia. Use isso como um guia de ajuda também para assumir o controle de sua vida.

Sinta-se uma nova pessoa fazendo mudanças construtivas que o guiam para o sucesso, confiando em você. Quando você aumenta a energia, isso o ajuda a ver as coisas com clareza. Você limpa as mentes desordenadas e começa a ver o que é preciso para encontrar o seu caminho na vida.

As habilidades de meditação nos ensinam a relaxar conforme o tempo passa com a prática. Quando guiamos a mente e o corpo para o relaxamento com frequência, ficamos tranquilos, pensamos com clareza e nos sentimos bem conosco. Com mais sono, podemos tomar melhores decisões sobre como aliviar os estressores para sermos mais saudáveis e felizes.

Encontrar guias ajudará a prevenir o fracasso e aumentar sua autossuficiência para fazer melhores mudanças construtivas em sua vida.

Liberando seus poderes internos para a autossuficiência e mudanças construtivas

Para tirar proveito de sua própria autossuficiência, você deve descobrir seus poderes internos para fazer mudanças construtivas. Usar seus poderes o guiará para o sucesso no alívio do estresse para relaxar e tomar decisões melhores.

Quando deixamos de desenvolver nossas habilidades de autossuficiência, geralmente nos sentimos deprimidos quando nos descobrimos contando com os outros. Perdemos energia positiva de recursos negativos também, o que nos impede de desfrutar de uma vida mais longa. Todos precisam de energia para ter sucesso com a forma como nos sentimos e vivemos. Quando não temos energia adequada, nos sentimos deprimidos e frequentemente causamos o surgimento de problemas de saúde.

Não permita que pensamentos negativos ou sintomas depressivos tomem conta de sua vida; mandando você para o sofá se perguntando o que deu errado mais tarde. Quando desperdiçamos energia preciosa, isso nos esgota, tornando quase impossível pensar com clareza. Por ser um viciado em televisão, nossas dietas se tornam incontroláveis, fazendo-nos perder ou ganhar peso que pode ser prejudicial à nossa saúde. Quando nossas dietas estão fora de controle e não fazemos exercícios, nossas juntas começam a enrijecer, a pressão arterial dispara, o colesterol alto aumenta e sentimos que não há esperança para nós, assim como muitos outros problemas de saúde.

Aprenda a ficar no controle e aliviar os estressores indesejáveis que podem ou não ser controláveis. É sabido que o estresse é o principal fator causador de doenças para muitas pessoas. Prosperar com o estresse diário é difícil e sobre a maioria deles você não tem controle. Podemos aprender a gerenciar e reduzir os estressores para fazer mudanças construtivas.

Existem habilidades que você pode aprender para liberar seus poderes internos para fazer mudanças para se tornar mais saudável e sair do sofá. Para ter sucesso, é preciso ter muito pensamento positivo, junto com algumas mudanças, para descobrir seus poderes interiores. Sente-se e relaxe ouvindo uma música baixa e suave para ajudá-lo a descobrir como você se sente exatamente em relação à sua vida. Aprenda a explorar sua mente, fazendo perguntas para descobrir seus poderes internos. O que me deixa com raiva de tomar decisões tão ruins?

Escreva todos os seus pensamentos negativos no papel para decidir como você pode fazer mudanças construtivas para melhorar sua saúde. Crie uma lista de pontos positivos, versos negativos, e procure maneiras de minimizar os negativos. Pergunte a si mesmo o que você precisa fazer para ter sucesso e por que fica com raiva e toma decisões erradas. Escreva as alterações ao lado dos pensamentos negativos para que possa relacioná-los no futuro.

Leia essas mudanças com frequência para mantê-las em mente para aliviar o estresse. Reprograme sua mente diariamente para fazer mudanças construtivas que levem a pensamentos positivos. Pratique o foco em fazer essas mudanças para guiá-lo na construção de suas habilidades de autossuficiência para fazer mudanças construtivas.

Use seus poderes internos para reprogramar seu cérebro e sua mente para ajudá-lo a ser uma nova pessoa na vida. Fazer mudanças requer muita prática e pensamento positivo. Não espere que as mudanças ocorram durante a noite. Pratique reorientando-se quando sentir os pensamentos negativos surgindo novamente e ganhe o controle de como se sente. Dê um passo para trás e relaxe para examinar a situação e diga a si mesmo para esquecer as negativas. Libere seus poderes internos para encontrar seu guia para as habilidades de autossuficiência que o ajudam a fazer mudanças construtivas.

Dez melhores dicas para aumentar a energia desenvolver autossuficiência; e faça mudanças construtivas.

– Exercício 3 vezes por semana, pelo menos 30 minutos diários -
– Executar rotinas de exercícios que não sobrecarreguem as articulações
– comer saudável
– dar ao seu corpo vitaminas, minerais, fibras, proteínas, etc. de que ele precisa
– reserve um tempo para você
– medite diariamente
– explore sua mente subliminar diariamente
– encontre o seu guia para relaxar
– descobrir programas de neurofeedback para ajudá-lo a encontrar seu guia para o relaxamento
– Comece no topo e trabalhe para baixar novamente, e se esforce para melhorar sua vida

Em seguida, aprenda as responsabilidades de ser pai.

Pais quanto à Autossuficiência para Mudanças Construtivas

Os pais compartilham alguma responsabilidade com os filhos para ajudá-los a desenvolver habilidades de autossuficiência para fazer mudanças construtivas. Você é o guia da criança. Lembre-se de que haverá interferências. O caminho não será fácil, pois você terá professores atuando como guias que muitas vezes desencaminharão seus ensinamentos, assim como outros para orientar seu filho. Quando nos tornamos pais, também passamos a ajudar nossos filhos a construir autossuficiência para mudanças construtivas. As crianças precisam ajuda nos processos de desenvolvimento.

Os pais devem orientar e ensinar seus filhos a desenvolver habilidades produtivas que os beneficiem como adultos. Sem guias, os bebês não aprenderiam a andar cedo, andar de bicicleta e assim por diante.

Com uma boa orientação, ensinamos aos nossos filhos, novas habilidades como vestir-se, andar de bicicleta, limpar o quarto e até mesmo tomar banho. Temos guias para aprender novas habilidades e nossos filhos precisam de guias para se sentirem bem-sucedidos em suas vidas.

Ensinar novas habilidades aos filhos exige tempo e muito esforço dos pais. Precisamos nos lembrar de encorajá-los e recompensá-los quando fizerem algo, mesmo que falhem da primeira vez.

Se o seu filho não calça os sapatos, você grita com ele? Às vezes, devemos orientar nossos filhos repetidamente para ajudá-los a aprender. Às vezes, eles ficam com o pé errado, o que vem das diferenças. Resumindo, seu filho aprende de maneira diferente de você. Portanto, mantenha paciência ao ensinar seu filho. Aprenda a elogiar seu filho quando ele segue as instruções. Isso irá encorajar seu filho a tentar cada vez que você lhes der instruções.

Desenvolva as habilidades de autossuficiência de seu filho para que ele tenha a confiança necessária para continuar tentando. Ensine seu filho a pensar positivo e deixe-o saber, só porque cometeu um erro, não cometendo que aprendemos com os erros.

Ajude a orientar seu filho na direção certa para fazer mudanças que irão beneficiá-lo. Quando seu filho cometer um erro, dê-lhe espaço para escolher a punição. Ajude-os a ver as consequências de seu erro. Ajude-os a entender por que suas ações ou palavras estão erradas.

Fazer mudanças construtivas para ter sucesso é difícil para um adulto; imagine como é para uma criança. Se você deixar de ajudar seu filho a desenvolver habilidades para fazer mudanças construtivas, ele aprenderá a falhar. Porque

 A arte da autoconfiança + bônus

nossos filhos falham uma ou cem vezes, deixe-os saber, eles são humanos. Os humanos cometem erros. Em vez de desencorajar seu filho, treine-o novamente para ajudá-lo a crescer.

Não diga a seu filho para evitar fazer algo de que ele ou ela goste porque você tem medo dos riscos envolvidos. Por exemplo, se seu filho quer aprender a pular corda, em vez de desencorajá-lo com: "Você não deveria fazer isso. É perigoso". Em vez disso, deixe seu filho tentar. Dê ao seu filho espaço para aprender. Todos nós corremos riscos. Aprenda a aceitar riscos que não representam perigos sérios. Seu filho precisa de habilidades de coordenação e pular corda irá guiá-lo para ter novas habilidades.

Quando seu filho for bem-sucedido no aprendizado da tarefa de andar de bicicleta, elogie-o. Deixe-os saber que você tinha confiança de que eles cavalgariam juntos pela rua. Diga a eles como eles se saem bem ao andar de bicicleta. Aumente sua autossuficiência para que saibam que podem fazer algo com um pouco de esforço.

Com habilidades de autossuficiência, seu filho aprenderá como fazer mudanças construtivas em seus sentimentos sobre si mesmo e os outros. Se seu filho precisa fazer algumas mudanças sobre como se sente em relação ao professor na escola. Fale com eles para que saibam que eles podem falar e contar tudo o que estiverem pensando. Aprenda a se comunicar com seu filho. Se seu filho voltar para casa da escola com uma atitude, em vez de explodir e causar outros problemas, sente-se e abra uma discussão com seu filho. Dê ao seu filho espaço para falar o que pensa.

Os pais também ajudam seu filho a crescer em habilidades de autossuficiência para fazer melhores mudanças construtivas em suas vidas. Descubra suas forças interiores.

Descubra sua força interior para a autossuficiência e mudanças construtivas

---

Descubra sua força interior para orientar e desenvolver habilidades de autossuficiência ao fazer mudanças. Para fazer boas mudanças construtivas, você precisa saber bem no fundo quem você é e gostar do que vê.

Se você não gosta da pessoa que se vê no espelho, reserve um tempo para explorar o porquê-quem-o-que-quando-como- Quando você não gosta de você, isso o leva ao caminho do fracasso. Faça um desvio e volte ao caminho do sucesso, aprendendo a gostar de você. Você não pode ter sucesso em fazer mudanças e ter sucesso quando não está feliz e se sente bem. Não gaste seu tempo pensando negativo. Ninguém gostará de você e você não gostará de você. Aprenda a desenvolver padrões de pensamento positivo.

Verifique seu pensamento para recompor seus pensamentos com frequência para guiá-lo de volta ao pensamento positivo. Descubra você. Passe algum tempo com você para descobrir mudanças construtivas, você pode fazer, isso o orienta para o sucesso.

Para descobrir suas forças e fraquezas interiores; você precisa localizá-los antes de fazer as alterações necessárias. Use sua mente subliminar e busque seus sentimentos olhando para si mesmo. Verifique suas emoções. Por que você se sente deprimido? Por que você está com raiva? Dedique algum tempo para aprender - por que - quem - o quê - como - quando etc. Isso o ajudará a descobrir o que inspirou sua mente a pensar dessa maneira.

Ouvimos quando crianças o tempo todo. "Você não pode fazer isso, você não pode fazer aquilo." Essas vozes irritantes amontoam-se em nossa mente subliminar e ficam lá esperando o gatilho acertar para poder soletrar: "Estou com raiva". As coisas negativas que você retém em sua mente subliminar são algo que você deve explorar com frequência. O aprendizado negativo permanece em sua mente e aparece mais tarde. Nossa conversa interna começa a nos dizer para não tentar essa carreira porque nunca vamos conseguir ou por que tentar outra dieta que você falhou tantas vezes antes. Logo, quando toda a conversa interna negativa que continua surgindo, começamos a acreditar neles. Isso faz com que você perca o interesse, se sinta inútil, etc., mas você tem o poder de mudar.

Encontre e revele esses sentimentos negativos e use-os para orientar e desenvolver. Desenvolva suas habilidades de autossuficiência mudando os sentimentos negativos para positivos. Faça uma lista de todos os seus sentimentos negativos sobre como você se sente. Agora acrescente à lista as mudanças construtivas que você pode fazer para transformá-las em pensamentos positivos.

Use o pensamento positivo para reprogramar seu cérebro para construir suas forças interiores. Mantenha sua lista de sentimentos negativos e mudanças à mão para reler com a maior frequência possível. Quanto mais você reler a lista de mudanças, mais cedo o cérebro pensará da mesma maneira. Você pode aumentar suas forças interiores fazendo mudanças construtivas enquanto confia em você.

Ao reprogramar seu cérebro e sua mente para serem construtivos, logo observe como você se sente muito melhor. Fazer mudanças construtivas irá guiá-lo para tomar decisões melhores e mais bem-sucedidas para uma vida feliz e saudável. Você terá mais energia e vontade de se exercitar para guiá-lo para prosperar no estresse.

Prosperar sob o estresse nunca é fácil para ninguém, mas conforme você cresce e suas forças interiores se tornam mais fortes, você descobrirá que ao fazer mudanças será muito mais fácil de ter sucesso.
Fazer mudanças construtivas lhe dará o sucesso que você merece para ter saúde e felicidade.

Crescer e ser mais forte descobrindo suas forças interiores quanto à autossuficiência e mudanças construtivas. Você ficará muito feliz por ter se encontrado e alterado seus padrões negativos para influências positivas. Percorra as lacunas para encontrar seu sucesso.

Através das lacunas para a autossuficiência e mudanças construtivas

Escalar as lacunas envolve reservar um tempo para explorar sua mente subconsciente. Em vez de fazer desvios para abandonar ou escapar de pensamentos negativos, dê-lhes as boas-vindas, permitindo que esses pensamentos passem pelas brechas de sua mente para explorar por que existem.

Considere todos os aspectos do que está causando problemas. Use seus pensamentos negativos a seu favor, aproveitando o estresse que ele desenvolve para encontrar respostas para seus problemas.

Muitos de nós evitamos ambiguidades que nos causam estresse. Quando temos essa atitude de fuga, ela empurra nossos monstros negativos de volta e os armazena na mente subliminar para uso posterior. Mais tarde, quando alguém apertar um gatilho, sua mente se canalizará, se espalhará e atingirá você com o pensamento negativo que muitas vezes leva à raiva, tristeza, depressão e todas aquelas outras palavras prejudiciais.

É hora de agir agora. Em vez de se deixar abater por essas emoções, pare de inventar desculpas e faça algo a respeito. A menos que você queira ser um bode expiatório para o resto de sua vida, preso por seu subconsciente, entre em ação agora.

Torne-se um alpinista percorrendo a trilha de sua mente. Pegue suas ferramentas de autossuficiência, incluindo seu escalador de rocha, montanha e gelo. Leve isso ao topo acolhendo os pensamentos negativos para que você possa explorá-los e encontrar respostas para seus problemas.

Esses monstros negativos em sua mente se desenvolvem a partir de seu passado. Quando sua mãe ou seu pai lhe disseram que você não tinha habilidade para aprender habilidades, como andar de bicicleta, e quando seus pais adiaram ontem o que você poderia ter feito naquele dia, ele desenvolveu um monstro chamado dúvida. Você duvida de suas habilidades quando as pessoas o impedem de aprender. Aja hoje e tire esses pontos negativos da sua mente para sempre. Você tem o poder dentro de você, então reserve um tempo para explorar sua mente e percorrer as brechas para encontrar seu guia para a autossuficiência, a fim de fazer mudanças construtivas.

Não se torne aquelas pessoas que o impediram. Em vez de adiar o que você poderia realizar hoje, coloque a bola em movimento e levante-se. Explore sua mente. Deixe esses pensamentos virem à superfície e deixe-os ir. Solte e deixe fluir é uma boa prática. Use-o a seu favor.

Como faço para começar?

Você pode começar explorando sua mente. Você pode se beneficiar ainda mais aprendendo a entender o que significa negativo para você.

Negativo significa:
Nocivo - desaprovador - pessimista - desanimador (você pode dizer procrastinação?) - Pessimista - sem entusiasmo - não construtivo - Woo, "segure o telefone!"

Alguém disse não construtivo? Bem, para começar, você deve aprender maneiras de desenvolver e fazer mudanças construtivas que o orientem para sua autossuficiência e o ajudem a alcançar o sucesso.

O que positivo significa para você?
Produtivo - positivo - útil - prático - benéfico -

Reveja o significado de construtivo e decida se isso é algo que lhe interessa. Tome um momento e visualize você no momento. Veja você na porta do sucesso e siga seus passos para trás para ver como sua utilidade, praticidade, prestatividade, atitude positiva e maneiras produtivas o tornaram uma pessoa benéfica que o guiou ao sucesso.

Continue a analisar sua vida diariamente. Reserve um tempo fora de sua programação barulhenta e poluída e não dê desculpas para fazer mudanças construtivas. Comece agora, pois em dez anos você poderá se ver lidando com alguns outros monstros negativos chamados ataques cardíacos, diabetes, sistema nervoso central fraco, distúrbios nervosos, depressão, doença hepática, pressão alta, colesterol alto... entenda o que estou dizendo!

Ultrapasse essas lacunas e aja hoje.

Relaxamento na Autossuficiência e Mudanças Construtivas

A meditação é uma forma de alcançar o relaxamento. A meditação é considerada controle orientado pela mente porque você está permitindo que sua mente se abra respirando e visualizando-se em um estado relaxado. Outra forma de controle orientado pela mente é a hipnose autoinduzida. A hipnose autoinduzida deve ser aprendida com um profissional antes de você começar a praticar em casa. A hipnose autoinduzida permite que você relaxe entrando no poder de sua mente. Para entender a técnica, você deve entrar na Internet e falar com um profissional qualificado.

Como a hipnoterapia beneficia você:

Quando você aprender a hipnoterapia, aprenderá a controlar. A maioria das pessoas sente que não consegue relaxar, mesmo quando tenta, porque o estresse vaza para sua mente. Com a auto-hipnose, você aprende novas habilidades para atingir o relaxamento. Indivíduos que têm fobias, medos ou outros distúrbios costumam descobrir que a auto-hipnose os ajudará em tempos de ataque de ansiedade. O especialista acredita que aprender a controlar qualquer medo ajudará a construir uma pessoa mais forte, bem como um relacionamento mais forte com os outros. A auto-hipnose também ajudará a controlar suas emoções, aprendendo a observar a si mesmo e suas ações antes de permitir que suas emoções dominem. A hipnoterapia é outra maneira de relaxar quando você está com dor. Pessoas que sentem dor devido a uma doença ou acidente descobrem que a auto-hipnose pode ajudá-las a se sentirem livres da dor por um tempo.

Outra razão para usar uma meditação ou auto-hipnose é aumentar seu desejo sexual. Muitos casais descobriram um aumento na intimidade quando aprendem a relaxar e ver seu eu interior. Muitas vezes eles podem curar seu relacionamento quando relaxam e se comunicam. O relaxamento por meio do controle orientado pela mente também ajuda a melhorar a memória. Você está reservando um tempo para relaxar e revisar os eventos, de modo que as informações mundanas que não são mais importantes sejam distribuídas de forma que você seja capaz de se concentrar nas coisas que importam.

O controle do estresse é outra maneira de encarar o relaxamento por meio do controle orientado pela mente, porque você é capaz de aprender métodos para liberar o estresse. Se você tem problemas em seus relacionamentos, talvez você esteja tendo problemas para perdoar alguém, você pode usar essas técnicas de auto-hipnose para ver seus sentimentos, para encontrar paz,

As pessoas que tentam meditar encontram um lugar tranquilo para se sentar ou deitar enquanto permitem que seus corpos se concentrem no relaxamento e suas mentes tirem férias relaxantes. A música também pode ajudar durante a meditação a pintar a imagem que a mente deseja. Depois de atingir um estado de relaxamento e liberar o estresse, seu corpo se sentirá melhor. A dor que você carrega no pescoço, ombros ou atrás dos olhos diminui quando você relaxa.

A auto-hipnose permite criar mais energia e motivação. Quando você está se sentindo melhor, geralmente tem mais energia para fazer outras coisas, seja com sua família ou para ser mais eficiente no trabalho. Nossos objetivos nos fazem trabalhar duro, mas se não tivermos tempo para relaxar e deixar o estresse para trás, será difícil atingir esses objetivos.

O relaxamento por meio do controle orientado pela mente pode ser usado em várias situações. Você pode meditar para alcançar uma vida menos estressante ou usar a auto-hipnose para se expandir. Ao crescer como pessoa, você pode atingir mais objetivos e sentir mais contentamento em sua vida, em vez de manter os sentimentos negativos engarrafados dentro de você. É importante relaxar o máximo possível para ter energia para as coisas que importam na vida. É claro que relaxar todos os dias o dia todo é excessivo, mas uma vez por dia durante trinta minutos pode ajudar na qualidade de sua vida.

Mudança construtiva em autossuficiência

Mudanças em como viver mais e mais feliz por meio de uma vida mais saudável são importantes, quer tenhamos 12 ou 50 anos. Mudanças ocorrem em todas as fases de nossa vida. Alguns estágios são mais significativos do que outros. Além disso, causará transformações que nos ajudarão a crescer até a maturidade. Quando experimentamos mudanças, podemos ter afetos emocionais que nem sempre são bons, mas as mudanças não podem machucá-lo, a menos que você as deixe controlar sua vida.

Quando você não consegue aceitar as mudanças do seu corpo, pode ficar deprimido ou recorrer a coisas como o álcool. É importante saber que você tem amigos e médicos que podem ajudá-lo nessas mudanças, caso você peça ajuda. Você não quer depressão ou outros problemas controlando sua vida ou levando a problemas de saúde. Você pode achar que é muito difícil sair de um ciclo de pensamento negativo e, portanto, não tentará.

É importante perceber que as mudanças que estão ocorrendo em seu corpo são apenas parte da vida e que você pode superar qualquer coisa a que se proponha. Quando você alivia o estresse, se alimenta bem e leva os problemas à medida que aparecem, você vive mais e mais feliz, além de mais saudável.

Você não pode evitar problemas; você tem que enfrentá-los porque eles ocorrerão. Você precisa aprender a crescer com essas mudanças ou problemas. A comunicação é a melhor forma de resolver problemas.

Frequentemente, é mais fácil ignorar as mudanças, mas se você conseguir ter a autoestima necessária para falar sobre suas emoções e o que está afetando você, poderá aliviar os problemas apenas expressando-os. Um psicólogo dirá que quando você começar a se diagnosticar, você sempre estará errado. Você conhece a si mesmo, mas nem sempre pode dar um passo atrás e olhar para o problema objetivamente como outra pessoa pode.

Para aceitar a mudança, você precisa olhar de fora para o que está acontecendo dentro de você. É por isso que a comunicação é extremamente importante. Dicas para lidar com mudanças incluem entender as mudanças que estão acontecendo. Reconhecer o que está causando as mudanças pode ajudá-lo a descobrir como resolvê-las. Não existe um interruptor especial para desligar e ligar suas emoções, não importa o quanto tentemos encontrá-lo. Para lidar com as mudanças, você precisa encontrar algo para substituir os maus hábitos de uma forma positiva. Pode ser necessário sentir-se positivo para descartar a maneira negativa como você tem pensado.

As emoções muitas vezes vêm à tona rapidamente quando nossos corpos estão mudando. Podemos nos sentir zangados ou felizes em um momento e nos sentir muito diferentes no seguinte. Precisamos perceber de onde vêm esses sentimentos para corrigi-los. Se você está consciente de si mesmo, pode melhorar seu ser geral. Precisamos perceber de onde vêm esses sentimentos para corrigi-los. Se você está consciente de si mesmo, pode melhorar seu ser geral. Precisamos perceber de onde vêm esses sentimentos para corrigi-los. Se você está consciente de si mesmo, pode melhorar seu ser geral.

Por exemplo, você está passando por uma mudança hormonal, suas emoções estão subindo e descendo, e na metade do tempo você não sabe o que realmente está sentindo. Se você se afastar da situação, diga à outra pessoa que precisa de alguns minutos para ordenar as coisas em sua mente antes de continuar uma conversa, provavelmente você não usará a emoção de raiva que pode estar sentindo ou a depressão como uma arma.

Você pode dar um passo para trás, ver por que se sente assim e então explicar à pessoa que você não está se sentindo legal, que está passando por mudanças e que precisa de algum espaço para se comunicar adequadamente a fim de compreender os sentimentos que realmente está tendo. Verifique suas mudanças corporais.

Respostas corporais à autossuficiência e mudança construtiva

Todos, em um ou muitos pontos de suas vidas, podem se preocupar com o envelhecimento. Todos nós queremos permanecer jovens para sempre e enfrentar problemas quando começarmos o processo de envelhecimento mais tarde em nossas vidas. A adolescência experimenta problemas de envelhecimento porque seus corpos estão começando a despertar para novos sentimentos, bem como para funções corporais que induzem sinais de envelhecimento.

O envelhecimento significa que nosso corpo está em declínio, mas o cuidado adequado pode ajudar a progredir com menos problemas do que não cuidar de nós mesmos. Percebemos quando as mudanças do corpo e as funções começam a declinar, a importância não está em perceber, mas em como lidamos com essa mudança. Um exemplo é o sistema esquelético.

O sistema musculoesquelético é geralmente a primeira área que somos afetados desde os trinta e cinco anos, porque estamos vendo as atividades diárias enquanto os adultos mais jovens nos alcançam. Precisamos cuidar do nosso corpo e entender as limitações. É importante continuar a se exercitar adequadamente, mas você deve modificar sua rotina para evitar danos ao corpo, especialmente se você já sofre de uma doença ou problema.

Os músculos tendem a se deteriorar primeiro porque são finos e muito sensíveis. Se você já teve um músculo rompido ou um osso quebrado, é provável que você fique mais ciente da lesão à medida que envelhece, independentemente de ter cicatrizado adequadamente ou não. Você deve evitar drogas, álcool e tabaco se quiser ter uma idade saudável. Essas técnicas abusivas causarão problemas de saúde mais tarde na vida. A melhor forma de combater o envelhecimento é fazer exercícios e conviver com os amigos. Mas você vai querer modificar sua rotina para evitar danos ao seu corpo, especialmente se você já sofre de uma doença ou problema.

Se você estiver tendo problemas, consulte um médico. Alguns indivíduos experimentam alterações na visão quando ficam mais velhos, precisando de óculos bifocais. É importante consultar um médico sobre como se manter saudável durante o processo de envelhecimento. Você também vai querer falar sobre as mudanças corporais que pode ou não experimentar. O médico pode ajudá-lo a reduzir os riscos de doenças cardíacas e outros problemas que ocorrem mais tarde na vida, se você tomar uma atitude proativa.

Uma abordagem proativa à sua saúde é a melhor abordagem para eliminar problemas de saúde no futuro. Isso não significa que você tenha que tirar a diversão da vida. Você ainda pode comer alimentos que podem não ser tão bons para você, mas comer corretamente é importante para uma boa saúde. Limitar a ingestão de alimentos que não são tão bons para você é apenas outra maneira de se manter saudável. Todas as coisas tomadas em excesso podem causar danos ao longo do tempo.

Quando você suspeita que está tendo problemas de saúde, é muito importante que você consulte um médico. Mesmo que ache que é mais um problema de saúde mental do que físico. As mulheres que passam pela menopausa precisam lidar com as mudanças corporais e também com as hormonais. O hormônio pode causar depressão ou estresse se não for cuidado adequadamente. Existem outros problemas de saúde relacionados com a depressão que podem ocorrer. Embora afete a mente, a depressão também pode prejudicá-lo fisicamente. Fisicamente, você pode sentir-se tenso, perder o sono ou até mesmo ter dores de cabeça e fadiga.

Mudanças corporais e envelhecimento saudável devem ser importantes para todos porque todos nós passamos por esses processos. Pode afetar cada um individualmente de uma maneira diferente, mas todos passaremos por mudanças durante nossa vida.

Perguntar ao médico sobre as mudanças que você pode esperar em certas idades ajuda a reduzir o estresse causado por essas mudanças. Todos nós merecemos envelhecer o melhor que pudermos e ter uma vida mais longa e feliz. Construir sua autoestima é protagonista de você e sua vontade de fazer mudanças construtivas,

Transformando Autoestima em Autossuficiência e Mudança Construtiva

Quando você está crescendo na escola, você aprende palavras como autoestima e confiança. Como adolescentes e adultos, lutamos para alcançar a autoestima porque todos queremos ser felizes e nos ver como algo que vale a pena. Comentários pessoais podem nos fazer sentir subestimados e encontrar uma maneira de se sentir bem consigo mesmo torna-se ainda mais um propósito. O relaxamento orientado para a autoestima é importante para nos fazer sentir saudáveis e deixar o estresse para trás.

A autoestima é importante para a cura dos aspectos físicos, emocionais e espirituais de nosso corpo. O estresse vai corroer sua autoestima e nos causar mais dor do que o necessário. Pensamentos negativos induzem estresse, sentimentos de ansiedade, depressão e problemas de relacionamento. O estresse corrói a autoestima porque começamos a nos questionar, sentir que não fazemos um bom trabalho, não importa o quanto tentemos, e isso afetará nosso ciclo de sono. O sono é muito importante para nossos corpos. Alguns indivíduos precisam de mais sono do que outros e, às vezes, você pode dormir muito.

Quem sofre de depressão tende a dormir muito, sentindo-se letárgico e incapaz de ganhar energia. Outros tendem a ir até cair sendo exaustos para obter uma noite inteira de descanso. O estresse afetará a vida de uma pessoa e corroerá a autoestima, porque você começará a bagunçar projetos se não dormir a quantidade adequada. A fim de manter os pensamentos negativos sob controle, você precisa encontrar uma técnica de relaxamento que funcione para você. A mediação ensina uma pessoa a viver positivamente enquanto ajuda você a relaxar.

A mediação permite que você reserve alguns minutos do dia para desligar sua mente e encontrar um lugar feliz. A saúde também é importante. Quanto mais uma pessoa tem baixa autoestima e estresse, mais ela tende a comer coisas que não são saudáveis para ela. Ter uma alimentação saudável e positiva é tão importante quanto aprender a relaxar. Se você sentir que está pensando negativamente, tente transformar isso em um pensamento positivo. Tente ver o lado positivo de uma tarefa em vez do negativo. A autoestima tem a ver com como nos percebemos, como pensamos e como reagimos aos outros ao nosso redor. É importante dar um pequeno passo de cada vez. Você deve examinar um aspecto de sua vida que está afetando sua autoestima e resolvê-lo. Pegue algo que lhe causa estresse e analise.

Observe o problema e encontre várias soluções para resolvê-lo. Quando você começar a técnica de meditação, aprenderá que um CD clássico e trinta minutos irão ajudá-lo. O CD deve ser algo que você relaxe, algo que deixe sua mente pensar em vez de se concentrar nas palavras. Encontrar um lugar tranquilo também será essencial. Você pode decidir que um tapete de ioga no meio do chão é um local privilegiado ou pode pensar que um quarto escuro onde você pode se sentar confortavelmente é um lugar melhor.

Depois de começar seu relaxamento guiado para a autoestima, você precisará pensar em coisas que o farão feliz. Pode ser um lugar que você visitou e que imagina que irá distraí-lo. Você pode descobrir que concentrar-se em uma pessoa amada que o apoia o levará ao estágio de relaxamento que deseja. A maioria dos indivíduos imagina algo para colocá-los no estado de meditação e então suas mentes se perguntam o que a consciência considera apropriado. O relaxamento guiado à autoestima é importante quando você está tentando deixar o estresse para trás e se encontrar.

Guia de redução de estresse em como usar habilidades de autossuficiência e mudança construtiva

O estresse é a principal causa de problemas de saúde, portanto, encontrar uma maneira de reduzir o estresse para viver mais e mais feliz é extremamente importante. O estresse causa pressão em sua vida, afetando suas emoções e também as respostas corporais. Na maioria das vezes, o estresse está relacionado a medos, mudanças em sua vida ou doenças. O trabalho é um produtor de alto estresse em um indivíduo. Gerenciar sua vida de maneira adequada é importante para aliviar o estresse. O estresse em pequenas doses pode ser uma coisa boa. Pode nos empurrar para alcançar um objetivo que de outra forma não seríamos capazes.

É importante aprender a reduzir o estresse para viver mais e mais feliz. Um passo é fazer um dia de cada vez. Não fique sobrecarregado com as muitas tarefas que você tem que concluir. É mais fácil realizar uma tarefa de cada vez quando você se sente pressionado. Você também precisa viver para aprender a conviver com uma certa quantidade de estresse. O uso de drogas ou álcool pode parecer reduzir o problema na hora, mas, com certeza, você se sentirá pior depois de saber que não está lidando com o problema. Seu corpo também responde ao estresse, criando tensão em seu corpo. A tensão fará seu corpo doer, seja uma dor de cabeça ou ombros muito tensos. Quando você deixa o estresse se tornar insuportável, você também perde o sono.

O sono REM é muito importante para o seu ciclo de sono e se você não está atingindo esse estado, está perdendo uma ótima maneira de aliviar um pouco o estresse. É um mecanismo natural de enfrentamento. Existem certos suplementos que você pode tomar para melhorar sua saúde, mas você deve tentar aliviar o problema antes de tomá-los, pois você pode encontrar uma maneira mais natural de lidar com o estresse. Mas com certeza você se sentirá pior depois disso, só por saber que não está lidando com o problema.

Os sinais de que você está estressado demais residem em uma sensação de tensão, nervosismo, depressão ou impaciência sem motivo aparente. Ter pensamentos extremamente negativos é outro sinal de que você está sofrendo de estresse. Se suas emoções estão turbulentas e você sente que está chorando ou com raiva o tempo todo, pode estar sofrendo de muito estresse. Existem também outros sinais de que você pode estar passando por estresse. Se você está se esquecendo das coisas com mais facilidade ou está achando difícil se concentrar, pode ser que esteja pensando demais e precise começar a se concentrar em uma coisa de cada vez. A fadiga também é outro sinal de estresse. Você pode se sentir cansado após um longo dia de trabalho, mas se estiver se sentindo cansado o tempo todo e desejando poder dormir o dia todo, provavelmente está experimentando sintomas mentais de estresse. Muitos indivíduos não percebem a causa de seu estresse porque não dedicam tempo para analisar suas emoções.

Em vez disso, eles se apegam aos sentimentos do momento e se perguntam por que estão sentindo dores na cabeça, no pescoço e nos ombros. É importante reconhecer os sintomas e as causas do estresse antes de começar a se recuperar. Lembre-se de que um pouco de estresse pode ser uma coisa boa, mas quando você está experimentando os efeitos colaterais do estresse que inibem a funcionalidade diária, você precisa buscar maneiras de aliviar esse estresse.

Para aliviar o estresse, você deve procurar meditação ou comunicação. A meditação permite que você explore sua mente e encontre 30 minutos por dia para analisar seu comportamento sem ter que se concentrar nos problemas em questão. A comunicação pode ser tão simples quanto falar com alguém que você ama ou falar com um profissional que pode ajudá-lo a refletir sobre seus problemas.

Guia de redução de estresse e como usar habilidades de autossuficiência e mudança construtiva

O estresse é a principal causa de problemas de saúde, portanto, encontrar uma maneira de reduzir o estresse para viver mais e mais feliz é extremamente importante. O estresse causa pressão em sua vida, afetando suas emoções e também as respostas corporais. Na maioria das vezes, o estresse está relacionado a medos, mudanças em sua vida ou doenças. O trabalho é um produtor de alto estresse em um indivíduo. Gerenciar sua vida de maneira adequada é importante para aliviar o estresse. O estresse em pequenas doses pode ser uma coisa boa. Pode nos empurrar para alcançar um objetivo que de outra forma não seríamos capazes. É importante aprender a reduzir o estresse para viver mais e mais feliz. Um passo é fazer um dia de cada vez. Não fique sobrecarregado com as muitas tarefas que você tem que concluir. É mais fácil realizar uma tarefa de cada vez quando você se sente pressionado. Você também precisa viver para aprender a conviver com uma certa quantidade de estresse.

Para aliviar o estresse, você deve procurar meditação ou comunicação. A meditação permite que você explore sua mente e encontre 30 minutos por dia para analisar seu comportamento sem ter que se concentrar nos problemas em questão. A comunicação pode ser tão simples quanto falar com alguém que você ama ou falar com um profissional que pode ajudá-lo a refletir sobre seus problemas.

A meditação é uma forma de alcançar o relaxamento. A meditação é um controle orientado pela mente premeditado porque você está admitindo que sua mente se abra respirando e visualizando-se em um estado de tranquilidade. Outra forma de controle orientado pela mente é a hipnose autoinduzida. Analgésicos autoinduzidos ou embotamento mental devem ser aprendidos com um profissional antes de você começar a praticar em casa. O analgésico autoinduzido ou o embotamento mental permitem que você relaxe ao entrar no poder de suas concepções. Para deduzir a técnica, você desejará entrar na Internet e falar com um profissional qualificado.

Nesse ínterim, quando você aprende a hipnoterapia, aprende a assumir o controle. Os indivíduos maiores sentem que não conseguem relaxar, mesmo quando tentam ver que o estresse vaza para sua mente. Com auto-analgésicos ou embotamento mental, você se torna versado em novas habilidades para adquirir relaxamento. Indivíduos que têm fobias, medos desconfortáveis ou outros transtornos geralmente descobrem que a auto-matança ou o embotamento mental os ajudarão em momentos de coação.

Especialista conclui que aprender a cobrar eventuais dúvidas ou inseguranças ajudará a engrandecer uma pessoa animada e também a fortalecer o relacionamento com os demais. A auto-matança ou o embotamento mental também ajudam a controlar as inclinações do coração ou as respostas emocionais, aprendendo a discernir a si mesmo e suas ações antes de permitir que suas emoções dominem. A hipnoterapia é outra maneira de relaxar quando você está sofrendo. Os indivíduos que experimentam o luto por causa de uma doença ou acidente descobrem que a auto-hipnose pode ajudá-los a se sentirem livres do luto por algum tempo.

 A arte da autoconfiança + bônus

Alguma outra razão para usar uma cerração, meditação ou auto-hipnose é aumentar seu desejo sexual. Casais abundantes descobriram um aumento na intimidade. Nesse ínterim, aprendem a relaxar e a ver seu eu interior. Muitas vezes, eles podem curar seu relacionamento quando relaxam e se comunicam. O relaxamento por meio de cargas guiadas por conceitos também ajuda a melhorar sua memória. Você está reservando um tempo para relaxar e revisar os eventos, de forma que a informática ou os estudos mundanos que não são mais conspícuos sejam organizados, de modo que você seja capaz de se concentrar nas coisas que importam. O controle do estresse é outra maneira de encarar o relaxamento por meio do controle orientado pela mente, porque você é capaz de aprender métodos e recursos para liberar o estresse.

Quando você tem dificuldades para administrar relacionamentos, talvez possa sentar e olhar para você. Use essas execuções de auto-hipnose para ver seu coração emocional, para encontrar ou negociar e, eventualmente, encontrar a maneira de encerrar uma briga com um parceiro.

As pessoas que tentam meditar encontram um lugar tranquilo para se sentar ou deitar, enquanto permitem que o centro do corpo o reúna e suas mentes façam uma relaxante viagem de pesca. Melodias naturais também podem ajudar durante a meditação para pintar a representação dos desejos da mente. Depois de atingir um estado de relaxamento e liberar o estresse, seu corpo poderá se sentir melhor. A sensação de pesar que você carrega no pescoço, ombros ou atrás dos olhos é liberada. Enquanto isso, você relaxa.

A auto-hipnose permite compor mais ou renovados energizadores e motivação. Quando você está se sentindo melhor, geralmente tem mais energia para fazer coisas alternativas, seja com sua família ou para ser mais eficiente no trabalho. Nossos objetivos nos fazem trabalhar insensíveis, mas se não reservarmos um tempo para relaxar e deixar o estresse para trás, será difícil atingir esses objetivos.

O relaxamento por meio do controle guiado por concepções pode ser utilizado em várias situações. Você pode meditar para alcançar uma vida menos perturbadora ou usar a auto-hipnose para expandir seu Self. Ao crescer como pessoa, você pode atingir mais princípios e sentir mais equanimidade em sua vida, em vez de manter os sentimentos negativos engarrafados dentro de você. É importante relaxar com a mesma frequência de forma convincente para ter energia para as coisas que importam na vida. Relaxar todos os dias o dia todo é obviamente excessivo, mas uma vez por dia durante trinta minutos pode ajudar na qualidade de sua rede de vida. Siga o seu caminho para o sucesso.

Os caminhos para a autossuficiência e mudanças construtivas

Encontre caminhos para guiá-lo em termos de autossuficiência e mudanças construtivas que o ajudarão a se manter mediado e cheio de energia. Com guias para ajudar, você alcançará objetivos e fará mudanças para reduzir os estressores, tomando decisões melhores.

Usar um caminho para o sucesso é uma ótima maneira de fazer mudanças construtivas. Cresça e se torne mais forte em habilidades de autossuficiência conforme você caminha para o sucesso.

Os caminhos que nos guiam na construção de nossas habilidades de autossuficiência nos ajudarão a crescer em energia e a prosperar no estresse. Habilidades de pensamento positivo funcionam como um caminho para nos ajudar a nos tornarmos mais saudáveis e com felicidade em nossas vidas.

Comece sua jornada pelo caminho para encontrar seus sentimentos interiores antes de começar a fazer mudanças em sua maneira de viver. Use seu subconsciente subliminar para pesquisar seus sentimentos e a causa de seus problemas. Você precisa saber as verdadeiras causas de seus pensamentos antes de mudá-los para ter sucesso.

Crescer para fortalecer suas habilidades de autossuficiência descobrindo quem você é. Crescer com habilidades de pensamento positivo para encontrar um caminho para aliviar os estressores que atrapalham a realização de boas mudanças construtivas. Se você não está feliz e sente isso, suas decisões estão sempre erradas, você começará a se sentir deprimido. Dê um impulso à sua energia usando caminhos para fazer boas mudanças construtivas.

Cresça com metas para que o futuro encontre você. Usar metas e dar um passo de cada vez fará com que você dê mais um passo à frente. Comece seus objetivos fazendo caminhos curtos e longos. Caminhos curtos, como perder 2 kg, e caminhos longos de 6 kg, ajudarão a aliviar o estresse causado pelo peso que você deseja perder. Ao chegar ao caminho curto com a perda de 2 kg, você vai querer trabalhar mais para alcançar o próximo com 6 kg.

Conforme você avança no caminho das metas, continue aumentando. Quando você ficar sem metas, poderá voltar aos velhos hábitos. Se você escorregar e recuar, se sentirá ainda mais deprimido com menos energia novamente. Depois de começar a jornada para o sucesso, continue sendo um vencedor.

Cada caminho que você seguir ajudará a aumentar suas habilidades de autossuficiência, permitindo que você faça mudanças construtivas melhores em seu desempenho. Se você começar a sentir, recuará e recolocando o foco ao examinar a situação. Concentre-se em seguir em frente, olhando para trás, para seus objetivos e até onde você percorreu o caminho do sucesso.

Encontrar o caminho certo depende inteiramente de você é o que ajuda a prosperar no controle do estresse. Todos nós temos estressores diários que não temos controle sobre os quais nos deixam para prosperar. Alguns estressores podem ser controlados e eliminados aprendendo a meditar com foco.

Use a meditação como um caminho para se concentrar no alívio de estressores.

Sempre procure o caminho certo para guiá-lo quando estiver para baixo e sentir que o estresse está assumindo o controle. O estresse é a principal causa de muitas doenças que drenam a energia do nosso corpo e nos levam ao fracasso. Sem energia, você falha em tomar boas decisões porque não é capaz de se concentrar. Não deixe o estresse esgotar você a ponto de tudo o que você quer fazer é ficar sem fazer nada.

Suporte adicional: Prática
A auto-hipnose permite criar mais energia e incentivos. Quando você se sente melhor, muitas vezes têm mais energia para fazer outras coisas, seja com sua família ou se tornando mais eficiente nas atribuições. Nossos princípios nos fazem atribuir tarefas, mas se não tivermos tempo para relaxar e deixar o

estresse para trás, será árduo atingir esses objetivos.

Explorando a Autossuficiência e Mudanças Construtivas

Explorar sua mente o ajudará a encontrar respostas para problemas. Quando você tira um tempo para explorar sua mente, você encontra velhas ferramentas de aprendizagem que pode usar para construir um kit de trabalho completo para ter todas as ferramentas de que precisa para realizar mudanças construtivas. Comece a explorar sua sarjeta ou mente subconsciente. Faça um passeio pela estrada da memória para descobrir o que você sabe. Quando estamos estressados e sentindo que é o fim dos tempos, perdemos o controle e o estresse toma conta.

O estresse é a principal causa de muitos problemas de saúde que nos causam dor e depressão. Fazer o passeio pela estrada da memória ajudará a aliviar o estresse ao trazê-lo à tona. Em sua viagem de exploração, escreva o que você descobriu e como você se sente a respeito disso. Quando você escrever coisas no papel, ajudará a orientá-lo na realização de mudanças construtivas onde elas são necessárias para construir sua autossuficiência para uma vida mais saudável no futuro.

Torne-se mais saudável explorando para encontrar o guia que o ajudará a superar o estresse do qual não temos controle. Quando você explorar e encontrar fatores de estresse que podem ser controlados, use-os para guiá-lo para aliviá-los do sucesso.

Quando sentimos que falhamos e não podemos fazer as coisas enquanto exploramos nossas vidas, use outros guias para ajudar a aliviá-los. Explore seus sentimentos para encontrar guias para o sucesso relendo o que você encontrou em sua viagem de exploração. Faça mudanças construtivas usando seu kit de ferramentas para pensar positivo e obter bons resultados.

Reabasteça (reprograme) seu kit de ferramentas (cérebro) para ter pensamentos positivos enquanto decide quais mudanças precisam ser feitas. Escreva-as junto com suas descobertas na viagem ao longo da estrada da memória. Escrever novamente suas alterações permitirá que elas fiquem fixas em você para que você possa mantê-las à mão. Releia essas alterações com frequência para reabastecer o kit de ferramentas, informando que você está falando sério.

Ao reler suas mudanças com frequência, você pode reabastecer o cérebro para esquecer as descobertas negativas e revelar as positivas. Reprograme o cérebro para lhe dar um novo guia para tornar as mudanças construtivas um sucesso.

Haverá momentos em que o cérebro puxará algo, permitindo que você fale consigo mesmo para pensar negativo novamente. Quando eles surgirem e você sentir que está falhando novamente, olhe para trás e veja suas descobertas para se concentrar em quão mais forte você se tornou explorando e usando guias.
Não deixe suas descobertas originais entrarem e assumirem de novo. Fique um passo à frente dos velhos hábitos, concentrando-se em suas novas habilidades de autossuficiência para fazer mudanças construtivas.

Pode levar algum tempo para reprogramar seu kit de ferramentas com novas descobertas, mas chegará com o tempo. Tenha fé em si mesmo com todos os novos pontos fortes que você adquiriu nas habilidades de autossuficiência. A cada sucesso, você aliviará mais o estresse por fazer mudanças mais construtivas.

Com o novo aumento de energia, você terá a certeza de explorar um novo plano de exercícios para melhorar sua saúde. Você vai precisar de uma maneira de usar sua energia sem saber o que fazer. Os exercícios irão ajudá-lo a se manter saudável e feliz com todo o sucesso que você agora obteve.

Os exercícios ajudam a prevenir doenças e também a aliviar o estresse que é incontrolável. Sem exercícios em nossas agendas lotadas, ficamos doloridos com as articulações rígidas e o envelhecimento.

Com toda a nova empolgação, você descobriu, explorando e usando guias para o sucesso, que se tornará uma nova pessoa. Aproveite suas descobertas para autossuficiência e mudanças construtivas.

Direções Positivas

O pensamento positivo é poderoso. Pensar positivo nos permite descobrir quem realmente somos e identificar os pontos fortes que nos diferenciam dos outros. Pessoas que pensam positivamente são capazes de rapidamente encontrar soluções para os problemas que enfrentam na vida. O pensamento positivo nos capacita a acreditar em nós mesmos e a fazer mudanças significativas e construtivas em nossas vidas. Quando aprender a confiar em si mesmo, ficará agradavelmente surpreso com as habilidades que possui e que nem sabia que possuía.

A ética desempenha um papel importante na construção da autossuficiência. Suas crenças desempenham um papel importante em como você se sente sobre si mesmo e como reage ao mundo ao seu redor. As coisas em que você acredita podem ajudar a guiá-lo no caminho da autossuficiência. Por meio do pensamento positivo, suas ideias, princípios e crenças éticas podem guiá-lo para fazer as mudanças construtivas positivas que resultam do aumento da autossuficiência.

A meditação e o treinamento subliminar podem ajudá-lo a atingir seu objetivo de alcançar a autossuficiência e implementar mudanças construtivas em sua vida. A chave para uma meditação bem-sucedida é concentrar seus pensamentos e energia nas questões mais urgentes que você está enfrentando, para que possa lidar melhor com os estressores ambientais em sua vida diária.

Por exemplo, se seu trabalho é uma fonte de estresse para você, pondere o que precisaria ser mudado para que você experimentasse menos estresse relacionado ao trabalho. Pense nas causas de seu estresse no local de trabalho e permita que ideias para mudanças positivas surjam por meio da meditação.

Não aja precipitadamente, pois você pode causar mais danos do que benefícios à sua situação ao fazê-lo. Em vez disso, diminua o ritmo e medite até chegar a uma solução benéfica.

Talvez sua meditação revele que sua carreira não é a certa para você. Se for esse o caso, comece a trabalhar para descobrir quais opções podem ser melhores para você. Comece a direcionar sua energia para descobrir onde estão seus talentos e para cultivar novas habilidades que permitirão que você escolha uma carreira diferente. Em outras palavras, aceite as verdades negativas sobre sua situação e apresente passos positivos que você possa dar para chegar a uma solução viável e duradoura para seu problema. Você pode precisar de novas habilidades e talentos para trocar totalmente por sua área. Talvez você possa fazer um curso online para ajudá-lo a desenvolver novas habilidades para que possa obter um emprego vencedor.

Este é um exemplo de implementação de mudança construtiva positiva tornando-se autossuficiente. Além de meditar, você também pode achar benéfico o aprendizado subliminar. Muitos recursos online podem ajudar a guiá-lo para unir sua mente subconsciente e consciente para que trabalhem em harmonia. Uma maneira de explorar sua mente subconsciente é escrever seus pensamentos e sentimentos no papel. Isso o ajudará a se tornar mais autoconsciente, bem como a aumentar sua capacidade de acompanhar o progresso que está fazendo para se tornar mais autossuficiente e positivo.

Também é importante reservar um tempo para si mesmo. A meditação pode ajudá-lo a relaxar e lidar com o estresse. Aprender a lidar com o estresse é um aspecto importante para introduzir mudanças construtivas em sua vida diária. Você deve isso a si mesmo ao se concentrar nas coisas que precisa fazer para alcançar o sucesso. Mudanças e melhorias contínuas o ajudarão a alcançar o equilíbrio e a felicidade em todos os aspectos de sua vida.

Descobrindo verdades para a autossuficiência e mudança construtiva

Quando deixamos de desenvolver nossas habilidades de autossuficiência, muitas vezes nos sentimos deprimidos. Nesse ínterim, acabamos contando com os outros. Perdemos energia positiva de recursos negativos também, que nos impedem de sentir contentamento por uma vida mais longa.

A mente é nosso poder, força e nos dá energia, entretanto; leva-nos a observar as transações. Na maioria das vezes, as pessoas sentem seus pontos fortes, mas não conseguem se conectar com seus sentimentos. Frequentemente, esses sentimentos são descartados. Essa ação leva ao problema de ver que o fracasso entender o corpo e a mente só vai causar ansiedade e pânico.

O poder é nossa autoridade. O poder nos ajuda a manter o controle, ao mesmo tempo em que influencia nossas vidas e também as de outras pessoas ao nosso redor. Nosso poder nos dá força para continuar na vida, ao mesmo tempo que nos entrega energia, motivação, força e força para continuar. Se você considerar o poder em plena luz e aprender a aceitá-lo depois de descobrir seu poder, poderá encontrar paz de espírito.

Podemos considerar muitas questões que causam estresse, mas no geral tudo se resumirá a um problema, se você aprender a se comunicar consigo mesmo e com os outros, logo encontrará novas descobertas. Portanto, abra sua mente.

A comunicação é o processo de envio de mensagens. Quando você começa a enviar mensagens, você aprende coisas novas. Depois de aprender coisas novas, a mente começa a se abrir e se sente livre para explorar. Deixe sua mente explorar.

A comunicação também é um anúncio que troca ideias, enquanto interage com fontes de dentro de nós. A comunicação transmite sinais e informações enquanto transfere ideias. Se você quiser aprender mais sobre si mesmo, por exemplo, você deve consultar sua mente e buscar recursos para ajudá-lo a aprender.

Se você falhar em melhorar e aprender a si mesmo, você viverá com dúvidas, medo, culpa, raiva e coisas semelhantes e muitas vezes sentirá ansiedade e pânico. Portanto, comece a explorar agora para eliminar os estressores e o estresse. Os estressores vêm de experiências, atividades e situações. Portanto, comece a pensar em sua situação, enquanto examina suas experiências e atividades para ver onde você induz sua própria ansiedade e pânico.

Torne-se um amigo do estresse e observe como isso se torna um amigo para você. Muitas vezes, a tensão é colocada na mente quando ocorre o estresse, simplesmente porque a pessoa não pesa as consequências, fatos, ideias, realidade e assim por diante. Se continuar a forçar a mente, descobrirá muitas vezes na vida em que se sentirá ansioso ou em pânico.

De maneira geral, você deve entender que é impossível se livrar da ansiedade e do pânico, porém é possível minimizar as experiências. Mesmo assim, você precisa abrir essa mente não construtiva e permitir que ela explore as possibilidades.

Se você sair por aí dizendo a si mesmo que nunca descobrirá quem você é, portanto, nunca espere, pois provavelmente não descobrirá. Portanto, diga à sua mente que você deseja descobrir novas ideias que possam ajudá-lo a eliminar a ansiedade e o pânico e observe como a mente reage.

Leia essas mudanças com frequência para mantê-las em mente para aliviar o estresse. Reprograme sua mente cíclica para fazer mudanças construtivas que levem a considerações positivas. Pratique o foco em fazer essas mudanças para guiá-lo na construção de suas habilidades de autossuficiência para fazer mudanças construtivas.

Escreva todos os seus pensamentos negativos no papel para decidir como você poderia fazer mudanças construtivas para melhorar sua saúde. Crie uma lista de desejos de certezas antagônicas e procure maneiras de minimizar o negativo. Pergunte a si mesmo o que você precisa fazer para ter sucesso e por que fica com raiva e toma decisões erradas. Escreva as mudanças ao lado dos pensamentos negativos para que você possa relacioná-los no futuro.

Adquirindo seus poderes internos para a autossuficiência e mudanças construtivas

Adquirir seus poderes internos para obter autossuficiência e mudanças construtivas ajudará a aliviar o estresse para tomar decisões melhores. Torne-se mais feliz e mais bem-sucedido em fazer mudanças construtivas com guias. Quando você aprende a aceitar as coisas que não pode mudar e age para controlar o que pode, isso o ajuda a ver o que precisa fazer para melhorar sua vida.

Olhar duas vezes e ter visões duplas dará a você o dobro de sucesso em reviver o estresse. O estresse nos fará sentir como se estivéssemos vendo o dobro às vezes. O estresse pode assumir o controle e nos fazer sentir como uma causa perdida.

Use guias para ajudá-lo a se sentir menos estressado e a ganhar controle para uma vida saudável mais normal. Faça uma lista de coisas que você sente que estão tentando assumir o controle, como maus hábitos, comer demais e até mesmo sua família.

Use guias de visão dupla para ajudá-lo a aliviar o estresse que puder e ter sucesso nos outros. Escreva quais estressores você tem, tanto os incontroláveis quanto os controláveis. Crie uma lista para cada item, faça uma estimativa e, em seguida, crie para prosperar no estresse.

Assuma o controle e elimine o máximo de estressores possível, fazendo boas mudanças construtivas. O pensamento positivo por meio da fala interna o ajudará a decidir qual é a melhor maneira de eliminar e livrar-se dos fatores de estresse controláveis. Concentre-se em um item de cada vez para tomar as melhores decisões.

Com pensamento positivo e sua autossuficiência, as habilidades fazem mudanças para aliviar o estresse causado por todos os itens incontroláveis. Leia sua lista diariamente para lembrá-lo do que você precisa fazer para fazer mudanças construtivas. Listar as mudanças que precisam ser feitas para que você possa lê-las com frequência ajudará a torná-las mais fáceis.

Tome decisões melhores aprendendo a meditar para relaxar e aliviar o estresse. Estresse que vai fazer com que durmamos menos, comamos de maneira diferente, adquiramos hábitos ruins, além de muitas outras coisas
Quando aprendemos a meditar ou a focar, podemos pensar melhor, dormir mais, controlar nossa dieta e quebrar maus hábitos.

Use habilidades de pensamento positivo e meditar com foco ajudará a tornar as mudanças construtivas mais bem-sucedidas. Quando você se concentra em um item por vez com pensamento positivo, pode tomar melhores decisões que aumentarão suas habilidades de autossuficiência. Você é bem-sucedido quando dá passos positivos e trabalha muito.

Frequentemente, nos sentimos um fracasso quando nossa autoestima está diminuindo devido ao estresse opressor. Quando deixamos de confiar em nós mesmos, isso geralmente retarda nosso desempenho e não nos sentimos bem.

Ter boas e fortes habilidades de autossuficiência é importante para ter sucesso por uma vida mais longa.

À medida que cada estressor é aliviado ou eliminado, nossa autossuficiência se torna mais forte e confiável para tomarmos melhores decisões. Para fazer boas mudanças construtivas, precisamos ter as habilidades para tomar boas decisões.

Construa usando guias para ajudá-lo a encontrar-se para aliviar e prosperar no estresse. Você vai crescer e se tornar mais forte à medida que cada estressor for retirado de seus ombros. Você notará que não fica zangado com tanta frequência ou preocupado com algo sobre o qual não tem controle, enquanto aprende a se desenvolver e eliminar o estresse.

Não espere notar mudanças imediatamente. Demora algum tempo para desenvolver habilidades de trabalho, pois você tem que aprender sobre você e o que você sabe. Reserve um tempo para praticar o uso de suas habilidades de autossuficiência, concentrando-se e usando guias para ajudá-lo. Você pode e terá sucesso com a prática e o uso de guias.

 A arte da autoconfiança + bônus

A meditação com foco, guias e cada vez mais forte o levará a um longo caminho na construção de sua autossuficiência em mudanças construtivas.

Adquirindo seus poderes internos para a autossuficiência e mudanças construtivas

Adquirir seus poderes internos para obter autossuficiência e mudanças construtivas ajudará a aliviar o estresse para tomar decisões melhores. Torne-se mais feliz e mais bem-sucedido em fazer mudanças construtivas com guias. Quando você aprende a aceitar as coisas que não pode mudar e age para controlar o que pode, isso o ajuda a ver o que precisa fazer para melhorar sua vida.

Olhar duas vezes e ter visões duplas dará a você o dobro de sucesso em reviver o estresse. O estresse nos fará sentir como se estivéssemos vendo o dobro às vezes. O estresse pode assumir o controle e nos fazer sentir como uma causa perdida.

Use guias para ajudá-lo a se sentir menos estressado e a ganhar controle para uma vida saudável mais normal. Faça uma lista de coisas que você sente que estão tentando assumir o controle, como maus hábitos, comer demais e até mesmo sua família.

Use guias de visão dupla para ajudá-lo a aliviar o estresse que puder e ter sucesso nos outros. Escreva quais estressores você tem, tanto os incontroláveis quanto os controláveis. Crie uma lista para cada item, faça uma estimativa e, em seguida, crie para prosperar no estresse.

Assuma o controle e elimine o máximo de estressores possível, fazendo boas mudanças construtivas. O pensamento positivo por meio da fala interna o ajudará a decidir qual é a melhor maneira de eliminar e livrar-se dos fatores de estresse controláveis. Concentre-se em um item de cada vez para tomar as melhores decisões.

Com pensamento positivo e sua autossuficiência, as habilidades fazem mudanças para aliviar o estresse causado por todos os itens incontroláveis. Leia sua lista diariamente para lembrá-lo do que você precisa fazer para fazer mudanças construtivas. Listar as mudanças que precisam ser feitas para que você possa vê-las com frequência ajudará a torná-las mais fáceis.

Tome decisões melhores aprendendo a meditar para relaxar e aliviar o estresse. O estresse vai fazer com que durmamos menos, comamos de maneira diferente, adquiramos hábitos ruins, além de muitas outras coisas.
Quando aprendemos a meditar ou a focar, podemos pensar melhor, dormir mais, controlar nossa dieta e quebrar maus hábitos.

Usar habilidades de pensamento positivo e meditar com foco ajudará a tornar as mudanças construtivas mais bem-sucedidas. Quando você se concentra em um item por vez com pensamento positivo, pode tomar melhores decisões que aumentarão suas habilidades de autossuficiência. Você é bem-sucedido quando dá passos positivos e trabalha muito.

Frequentemente, nos sentimos um fracasso quando nossa autoestima está diminuindo devido ao estresse opressor. Quando deixamos de confiar em nós mesmos, isso geralmente retarda nosso desempenho e não nos sentimos bem.

Ter boas e fortes habilidades de autossuficiência é importante para ter sucesso por uma vida mais longa.

À medida que cada estressor é aliviado ou eliminado, nossa autossuficiência se torna mais forte e confiável para tomarmos melhores decisões. Para fazer boas mudanças construtivas, precisamos ter as habilidades para tomar boas decisões.

Construa usando guias para ajudá-lo a encontrar-se para aliviar e prosperar no estresse. Você vai crescer e se tornar mais forte à medida que cada estressor for retirado de seus ombros. Você notará que não fica zangado com tanta frequência ou preocupado com algo sobre o qual não tem controle, enquanto aprende a se desenvolver e eliminar o estresse.

Não espere notar mudanças imediatamente. Demora algum tempo para desenvolver habilidades de trabalho, pois você tem que aprender sobre você e o que você sabe. Reserve um tempo para praticar o uso de suas habilidades de autossuficiência, concentrando-se e usando guias para ajudá-lo. Você pode e terá sucesso com a prática e o uso de guias.

A meditação com foco, guias cada vez mais fortes o levará a um longo caminho na construção de sua autossuficiência em mudanças construtivas.

A maneira como você lida com os fatores de estresse em como você se sente. Se você reagir ao estresse de forma negativa, ele pode avançar para depressão. O estresse faz parte da vida e nos atinge todos os dias que vivemos. Nenhum de nós pode escapar ou fazer um desvio para evitar o estresse. O estresse em geral é mudanças pequenas e grandes nas quais você deve regular suas ações. A maioria das pessoas acredita que o estresse é um ato negativo. No entanto, o estresse pode agir a seu favor. O estresse proveniente de lesões, doenças e morte também pode ser transformado em influências positivas.

Se você comprar um veículo novo e ou casa, isso pode causar tensão. O estresse vem de atrasos e aumento de responsabilidade. A vantagem é que você tem confiabilidade, segurança e um transporte ou veículo para chamar de seu. A melhor solução antes de comprar uma nova casa ou veículo é garantir que você tenha a receita para saldar as dívidas. Minha filosofia de comprar casas é que você nunca a possui.

Mesmo que você pague o valor da casa, você paga os impostos do governo municipal, estadual e federal durante o curso de sua vida. Por isso, considere que a dívida é duradoura, o que lhe permite configurar planos que promovam os seus pagamentos. Economizar para dias chuvosos pode ajudá-lo em tempos agitados. Além disso, você pode fazer apólices de seguro de vida ou hipotecas que oferecem dinheiro em tempos difíceis. Consequentemente, novas dívidas podem adicionar tensão, e que podem evoluir para depressão.

Os relacionamentos no início frequentemente passam por situações estressantes no primeiro ano. Portanto, ao iniciar um novo relacionamento íntimo, certifique-se de descobrir alguém que irá apoiá-lo e trabalhar com você quando os tempos forem difíceis. Assim, os relacionamentos trazem muitas recompensas, já que você tem alguém com quem compartilhar sua vida, além de um companheiro para ajudá-lo quando você se sentir deprimido.

Os divórcios são a principal causa de depressão. Rompimentos não são amigáveis, mas você pode descobrir o lado positivo dos divórcios. Por exemplo, se você está em um relacionamento abusivo, seja físico, mental ou verbal, sair do relacionamento pode salvar sua vida e sua saúde mental. Permanecer no novo relacionamento íntimo só poderia levar à calamidade.

Na maior parte, você suporta o estresse, que vem do ambiente, dos pensamentos ou do corpo. Portanto, desânimo pode ser afetado emocionalmente ou relacionado a produtos químicos. Os sintomas bipolares geralmente se originam de energias negativas emocionais, bem como de desequilíbrios químicos.

Se você procurou ajuda e revelou que não tem problemas fisiológicos que causem a depressão, ou doença mental, então você tem um estado de espírito para trabalhar para controlar e acabar com a depressão. Se você tem uma doença fisiológica, como um desequilíbrio químico, você precisará de medicamentos, terapia e terapia contínua de seu médico para lidar com a depressão.

O estado de espírito pode encorajá-lo a aprender mais sobre as emoções. Já que as emoções são o elemento-chave que dá suporte ou depressão. Em outras palavras, as inclinações do coração ou respostas emocionais são o único e maior motivo pelo qual uma pessoa se sente deprimida.

O clima pode aumentar o estresse, já que você é, influenciado por influências. Mudanças no clima, poluição sonora, necessidades interpessoais, multidões e assim por diante são facetas relacionadas ao estresse que podem fazer com que você perca a autoestima e a confiança em si mesmo. Portanto, se o seu ambiente está prendendo você, você pode querer considerar. A mudança lhe dará uma visão positiva da vida. A linha da vida é muito curta para ficar isolada em um lugar. Se você tem uma situação perdida em relação ao estresse e à mudança, então você precisa harmonizar suas concepções enquanto entende suas emoções, gerenciando e vencendo a depressão.

Hierarquia para Autossuficiência e Mudança Construtiva

Guia para a autossuficiência e a mudança construtiva – Como o estresse e a autoestima nos afetam

A autoestima desempenha um papel importante em sua vida, afetando sua atitude e perspectiva de maneira positiva ou negativa. Se você tem uma opinião negativa sobre si mesmo, isso pode prejudicá-lo física, emocional e espiritualmente. O estresse pode afetar seu nível de autoestima, bem como seu humor.

Como a autoestima negativa rouba sua diversão:

Uma autoestima negativa pode afetar muitas áreas de sua vida. Pode ser a causa de estresse, solidão, depressão e falta de relacionamentos de qualidade. Se você tem problemas de autoestima, eles podem intensificar os problemas que causam estresse durante o sono. O descanso adequado é necessário para lidar com as coisas que acontecem naturalmente no dia a dia.

Manter uma autoestima saudável ajuda você a ficar feliz e a manter seu nível de estresse baixo. Você deve pensar positivamente para viver sua vida de maneira positiva.

Autoestima é o que pensamos sobre nós mesmos. Encontre maneiras de tornar sua vida mais agradável pensando de forma mais positiva sobre si mesmo. Analise o que você pode fazer para tornar sua vida menos estressante.

Com as habilidades adequadas, você pode aprender a aliviar o estresse que o consome. O estresse é inevitável, mas não precisa ser debilitante com as habilidades adequadas de gerenciamento do estresse. Pratique maneiras de controlar o estresse. Pesquise os métodos de alívio do estresse que funcionam para você. Ao aprender a controlar o estresse em sua vida, você começará a ter uma atitude mais positiva sobre si mesmo.

Uma melhor autoimagem levará ao relaxamento. Muitos recursos disponíveis o ajudarão a aprender a pensar de forma mais positiva. Verifique online ou em sua biblioteca, livraria ou loja de vídeo local.

Uma boa técnica de relaxamento é a meditação. O relaxamento é positivo e ajuda a aliviar o estresse ao mesmo tempo em que melhora sua autoestima. Existem muitas formas de meditação, como sons da natureza, aromaterapias e música relaxante. Concentre-se nos estímulos e permita que sua mente vagueie por ambientes relaxantes. Na verdade, se você comprar os sons naturais, você pode usar seu Window Media para desfrutar de soluções de biofeedback ou neurofeedback que o orientam para relaxamento e meditação. Basta inserir o disco. O Windows Media deve iniciar; caso contrário, você pode iniciar o programa. Clique na área Visual assim que a música começar a desfrutar dos recursos de áudio / vídeo. Que grande ferramenta para guiá-lo ao relaxamento.

Ficar longe de todas as distrações da vida é outra ótima maneira de relaxar. Deite-se e relaxe todos os músculos. Pense em como cada centímetro do seu corpo se sente na cama. Respire devagar e pense em coisas calmantes. Conecte um CD de melodia natural e deixe os fluxos e refluxos do movimento das águas passarem por você sobre as rochas em uma linda paisagem natural. Use os rios que correm, os elementos e a música para varrê-lo enquanto cria energia, revitalizando sua alma.

Alguns desses CDs, como a coleção Rushing River, proporcionam movimento e música que combinam sopros, tons e cordas de composições para guiá-lo ao relaxamento. O objetivo da autossuficiência é apoiar-se em você, mas às vezes ter recursos especiais, como sons naturais, pode acelerar o processo, ajudando você a fazer mudanças construtivas.

À medida que você se acostuma com esse ritual, você ficará ansioso para fazê-lo diariamente. Você começará a se sentir melhor consigo mesmo conforme diminui o nível de estresse em sua vida. Você descobrirá que todos os aspectos de sua vida serão mais positivos. Quando o estresse diminuir, você poderá desfrutar de uma mente livre. Mentes livres geralmente não têm problemas para encontrar soluções para resolver seus problemas. Reserve um tempo para explorar suas opções. Aprenda a aceitar mudanças.

Aceitação da mudança quanto à autossuficiência e mudança construtiva

A mudança é uma faceta necessária da vida. É por meio da mudança que somos capazes de crescer, ajustar e corrigir os problemas à medida que surgem. As mudanças nos transformam de tal forma que ditam a maneira como vivemos a vida. Embora seja frequentemente temida, a mudança deve ser vista como algo positivo.

Às vezes, os maus hábitos surgem da falta de vontade de aceitar mudanças. Permitir que esses hábitos criem raízes em nossas vidas geralmente leva a mudanças maiores, como depressão, doenças físicas e possivelmente até a morte.

A relutância em aceitar a mudança é um problema de proporções épicas porque não afeta apenas a pessoa que luta com as mudanças, mas também todos ao seu redor. Um humor negativo pode influenciar rapidamente o humor de todos por perto.

Se você deseja ter uma vida-longa, feliz e frutífera, deve estar disposto a acompanhar o fluxo das mudanças em sua vida. A vida pode fluir harmonicamente se você aceitar a mudança de braços abertos. Os problemas são inevitáveis. Você não pode fugir deles, se esconder deles ou evitá-los. Não são quantos problemas você tem ou não tem que determinam sua qualidade de vida, mas sim como você reage a eles.

Como a mudança sempre teve uma conotação negativa, as pessoas sempre tiveram dificuldade em lidar com ela. Para ver a mudança como uma oportunidade em vez de um retrocesso, devemos mudar a maneira como pensamos sobre ela.

Mantenha o controle de suas emoções. Não negue suas emoções, mas mantenha uma rédea curta sobre elas. Não deixe suas emoções controlarem você, mas pense com sua cabeça. Quando você permite que o medo, a dor, a raiva, a ansiedade, etc. controlem seus pensamentos, você fará julgamentos errôneos e, portanto, tornará as coisas piores.

Sua atitude em relação à mudança terá um impacto direto em como você lida com ela. Você vê essa mudança como um substituto para o que está acostumado ou uma oportunidade de crescer e passar para outro nível em sua vida? Que bem pode advir desta situação? Aonde você pode ir daqui que será um caminho produtivo para sua vida?

Um exemplo comum é a dívida. Muitas vezes, as pessoas pensam que as mudanças que devem ser feitas para remediar o encargo financeiro são impossíveis porque isso exigirá grandes mudanças no estilo de vida, que as assustam. No entanto, uma dica útil pode ser exatamente o que você precisa para fazer a bola rolar para a redução da dívida. Existem muitas sugestões disponíveis na internet ou na biblioteca que realmente não causariam um grande impacto em seu estilo de vida, mas trarão paz de espírito e, eventualmente, reduzirão dívidas.

Uma boa maneira de aprender a se adaptar às mudanças é começar a fazer mudanças graduais em sua vida. Comece com algo pequeno, como um novo penteado. Experimente um plano de exercícios ou uma nova dieta. Faça um compromisso consigo mesmo e registre seu progresso. No final da primeira semana, você verá uma mudança significativa na maneira como pensa sobre a mudança (e provavelmente também se sentirá melhor fisicamente).

Você pode mudar seu estilo de vida mudando um de seus rituais. Em vez de ligar a TV ao chegar em casa, tente pegar o telefone e ligar para um amigo, sair para passear, subir na esteira ou ler um bom livro.

Ao experimentar coisas novas e fazer pequenas mudanças em sua vida, você ficará muito mais confiante quando as mudanças inevitáveis acontecerem em seu caminho. Você também notará uma visão mais brilhante da vida e poderá até ser mais saudável.

O que você pensa ditas suas ações. Ao fazer mudanças positivas em seu processo de pensamento, você perceberá que suas ações também serão mais positivas. Peça ao seu guia para pesquisar a alma.

Guia para autossuficiência e mudança construtiva por meio da pesquisa da alma

A busca da alma é uma forma de provocar mudanças construtivas em sua vida, conforme você encontra as ferramentas dentro de você para confiar. Às vezes é difícil romper com aqueles comportamentos que todos aprendemos quando crianças, mas não é impossível.

Pode ser necessária alguma força de vontade para descobrir suas forças interiores e gerenciar as mudanças que precisam ser feitas. Existem muitos recursos online para ajudá-lo a descobrir quem você realmente é. Fazer mudanças construtivas e descobrir a independência não estão além do seu alcance.

Tudo o que você precisa para realizar seus objetivos está dentro de você. Reserve o tempo necessário para buscar estabilidade dentro de você e analise o que você precisa fazer para se manter por conta própria. Peça ajuda e incentivo. Existem muitos guias úteis disponíveis para ajudá-lo a encontrar as práticas mais terapêuticas para você. Seja criativo ao inventar seu guia para o sucesso.

Existem muitas ideias novas que você pode usar para descobrir a autodependência pela qual está se esforçando. Você se conhece melhor do que ninguém, e usar seu guia interno para orientá-lo o levará a pontos fortes que o ajudarão a encontrar essas novas ideias. Ao pesquisar a si mesmo, você encontrará os recursos que já possui.

Contando apenas com você mesmo, você descobrirá que seu mundo é único para você. Você vai descobrir quem você é como indivíduo, sua própria autonomia, a direção para assumir o controle de sua própria vida.

Não espere que as mudanças aconteçam durante a noite, mas não desista. Se você continuar a perseguir as metas que estabeleceu para si mesmo, verá que as coisas negativas em sua vida começarão a mudar. Você precisa mudar a maneira como pensa ao explorar os recursos e habilidades que encontrou.

À medida que as mudanças se tornam aparentes, você se perceberá gradativamente ficando mais no controle de sua vida. Sua atitude em relação às coisas mudará completamente e você descobrirá que tem uma personalidade mais otimista.

Você descobrirá que a vida é muito mais do que ficar sentado assistindo televisão ou fazendo outras coisas improdutivas. Você desejará gastar mais tempo de qualidade em atividades que farão a diferença no final. Outros comportamentos e hábitos negativos não serão mais tão atraentes. Você não vai querer se envolver nas coisas que costumavam te deixar para baixo, porque você será capaz de ver o efeito negativo que essas coisas realmente têm.

Mime-se. Comece a buscar guias de autossuficiência e pensamento construtivo online. Só de pensar nisso está despertando o desejo de mudar, não é? Você está ansioso para fazer mudanças em sua vida para melhorar a si mesmo.
Outros também verão as mudanças. Seu trabalho duro vai aparecer e os outros

vão querer saber como você fez isso para que eles possam fazer também. Então, você terá iniciado uma nova tendência de pensamento positivo entre seus colegas.

No entanto, mova-se lentamente para que as alterações durem. Se você perceber que está recuando, dê um passo para trás e observe algumas das outras ideias que você teve. A variedade garantirá o sucesso. Porém, se você tentar se apressar, apenas atrapalhará seu progresso. Quaisquer mudanças importantes que ocorrerem por último requerem um processo que deve ser seguido, e pular etapas ou passar rapidamente por elas negará o trabalho que você fez.

Estabeleça pequenas metas dentro da meta maior para garantir mudanças permanentes. Se você cair, não se culpe, pois isso só garante o fracasso. Levante-se, sacuda a poeira e continue andando como se nunca tivesse caído. Olhe para trás apenas para ver o progresso que você fez ignorando aquelas poucas vezes em que tropeçou. Continue pressionando e você terá sucesso!

Vá em busca de seu guia para a autossuficiência para fazer mudanças positivas.

Em busca de autossuficiência e mudança construtiva

Olhe para o mar. Imagine ver um navio à distância com as asas para cima e, de repente, sem motivo aparente, o navio começa a afundar. Lentamente, o navio abaixa a proa na água com a popa subindo para empurrá-la de forma que afunde mais.

Imagine isso. Como esta ação acontecendo, nós, como pessoas, estamos no mar. Alguns de nós prestam atenção para não perder o controle, enquanto outros navegam descuidadamente. No caminho eles podem ter sucesso ao longo do caminho, mas com o passar do tempo, porque eles não se preocuparam em planejar ou tomar decisões que determinariam sua fé, alguém naquele oceano, oh Betsy, vai se afogar.

Inquiring Mind é uma forma de provocar mudanças construtivas em sua vida, à medida que você descobre as ferramentas dentro de você nas quais pode confiar. Às vezes, é exaustivo romper com aqueles comportamentos que todos aprendemos quando crianças, mas não é impraticável.

Pode ser necessário algum dinamismo para descobrir sua coragem mais profunda constitucional e administrar as mudanças que as compulsões devem ser feitas. Existem muitos recursos online para me orientar a descobrir quem você realmente é. Comandar mudanças construtivas e descobrir a independência não estão além do seu alcance.

Aproveite o tempo que for necessário para procurar algo confiável dentro de você e analise o que você precisa fazer para se manter por conta própria. Peça apoio, mas nunca espere nada de outra pessoa; em vez disso, apenas aceite encorajamento quando vier em seu caminho. Existem muitos guias úteis disponíveis para ajudá-lo a encontrar as práticas mais terapêuticas para você. Seja formativo e criativo, seu guia para realizações.

Dependência pela qual você está se esforçando. Você conhece a si mesmo melhor do que ninguém, e usar seu guia interno para direcioná-lo o levará a pontos fortes que o ajudarão a descobrir essas novas ideias. Ao pesquisar a si mesmo, você encontrará as reservas que já possui.

Contando apenas com você mesmo, você descobrirá que seu mundo é único para você. Você descobrirá quem você é como pessoa, seu próprio governo ou liberdade e a direção para assumir o controle de sua própria rede vital. Muitas novas ideias que você pode usar para encontrar a autodependência que está buscando. Você se conhece melhor, então eles conhecem qualquer pessoa e usar seu guia interno para direcioná-lo pode levá-lo a pontos fortes que podem ajudá-lo a encontrar essas novas ideias. Ao pesquisar a si mesmo, você encontrará as reservas que já possui.

Dependendo apenas de você, você descobrirá seu universo sob uma luz diferente. Você pode descobrir quem você é, o que equivale a uma pilha de grãos quando estiver fazendo um exame de consciência.

Depois de ver a maneira de fazer mudanças construtivas, você não será alguém no mar e se perguntando o que esperar em seguida. Às vezes, você tem que definir planos, tomar decisões, etc. Tudo isso faz parte da vida.

Pela última vez, espie o oceano. Visualize um navio à distância com suas velas batendo e de repente, sem nenhuma explicação aparente, o navio começa a afundar. Lentamente, a proa do navio desce para as águas frias com a popa se erguendo no ar para dar um empurrão na proa para que comece a afundar mais. Agora coloque você naquele navio e pergunte... Eu planejei para esta ocasião. Estou preparado para lidar com perigos ou riscos que surgem em meu caminho? Embora isso possa não significar nada para você, a questão é que às vezes a vida é cheia de riscos e é uma chance que você tem que correr. A chance que você pode aproveitar envolve autossuficiência e mudanças construtivas também.

Descobrindo recursos, guia para autossuficiência e mudanças construtivas

É bastante simples encontrar recursos em sua busca para fazer mudanças positivas em sua vida. A parte mais difícil é descobrir a fonte de sua angústia. Depois de fazer isso, o sucesso está ao virar da esquina.

Você pode começar avaliando quem você é, do que você gosta e do que não gosta em você, o que o motiva. Olhe para sua constituição emocional. Conforme você busca profundamente dentro de si mesmo, você começará a ver quais mudanças precisam ocorrer. Somente você pode fazer essas alterações, portanto, você é o único que pode determinar quais métodos funcionarão.

Encontre recursos externos também. A seção de autoajuda de sua biblioteca ou livraria local está repleta de materiais que o ajudarão em seu empreendimento. Existe uma vasta maioria de informações na Internet sobre técnicas de meditação, maneiras de mudar seus padrões de pensamento e grupos de apoio e fóruns para ajudá-lo a mudar os maus hábitos.

Definir metas é uma ótima maneira de começar. Não busque os "objetivos do prazer" que parecem inatingíveis. Comece com um pequeno objetivo. Por exemplo, se você não comer nada além de fast food e quiser mudar seus hábitos alimentares; não comece a fazer compras no Wild Oats Market. Comece adicionando uma porção de vegetais por dia ou diminua a gordura em uma refeição por dia. Os efeitos de pequenas alterações irão encorajá-lo a dar o próximo passo. Antes que você perceba, Wild Oats será sua escolha de mercearia.

Escreva suas metas e acompanhe seu progresso no papel. Faça um gráfico em uma cartolina e pendure-o em seu quarto. Isso o ajudará a visualizar o objetivo e a vitória. Quanto menores os gols, mais vitórias você terá para registrar. Ao olhar para a lista de vitórias, você será encorajado a definir outra meta e alcançá-la.

O estresse emocional é exaustivo. Ao controlar suas emoções, você terá mais energia para atividades mais produtivas. O relaxamento é uma ótima maneira de controlar a energia que você estaria desperdiçando com o estresse. Observe seus arredores. Ouça pássaros ou música suave para desviar o foco dos problemas. Depois de relaxar, comece a liberar essa energia levantando-se e fazendo algo construtivo limpar a casa, fazer exercícios, dar uma caminhada.

A meditação é uma maneira maravilhosa de controlar seus pensamentos. O estresse faz sua mente seguir em cinquenta direções ao mesmo tempo, mas focar em uma coisa de cada vez ajudará, você se acalmar. Você começará a se sentir com mais energia porque o estresse é muito desgastante para o seu nível de energia. Você também tomará decisões melhores porque pensará nelas primeiro.

O exercício é uma ótima maneira de expelir a energia recém-descoberta. Sem falar no fato de que é um hábito saudável para se adquirir. O estresse causa pressão alta, enquanto os exercícios fortalecem o coração. O estresse provoca sono interrompido, enquanto o exercício leva a uma noite repleta de descanso. A melhor parte do exercício é que ele é gratuito. Tudo o que você precisa fazer é sair pela porta da frente e dar a volta no quarteirão.

   A arte da autoconfiança + bônus

À medida que você começa a ditar sua vida, em oposição às circunstâncias que ditam, você começará a notar mudanças positivas ocorrendo naturalmente. Você notará que os outros ao seu redor começarão a relaxar e a vida fluirá com muito mais facilidade.

Você já deu o primeiro passo ao ler este artigo. Dê o próximo passo para melhorar você hoje. Depois de passar a primeira etapa, o resto virá. O ponto principal é: nunca desista da esperança.

Autorreflexão, para autossuficiência e mudança construtiva

Há momentos em sua vida em que você simplesmente para, dá uma olhada em sua vida e percebe que não está onde gostaria. Sua vida está fora de controle, ou talvez muito controlada, de qualquer maneira ... você não está feliz. Este momento de pensamento interno, esta autorreflexão, este é o seu primeiro passo para fazer uma mudança construtiva e significativa em sua vida.

Você acaba de perceber que não está atingindo todo o seu potencial ou que está preso em um trabalho que odeia. Embora possa parecer uma percepção sombria e deprimente, é uma bênção disfarçada. Você está no caminho certo para melhorar sua vida. Armado com essa motivação, você agora estabeleceu a base para um você melhor.

Existem guias e ferramentas incríveis disponíveis online para ajudá-lo em sua busca para melhorar a si mesmo. Se você sabe que não está aproveitando ao máximo a sua vida e quer ser tudo o que pode ser, existe uma maneira.

A primeira etapa está concluída, você identificou pessoalmente um problema e agora está se esforçando para corrigi-lo. Este é o primeiro passo para sua autossuficiência e sua nova vida. Como você é sua própria fonte de motivação para a mudança, será muito mais fácil realizá-la. Por ajudar a si mesmo, você está se tornando mais autossuficiente a cada mudança construtiva que faz.

Embora você possa pensar que esta batalha é feroz, cansativa e às vezes até sem esperança, você não precisa fazer isso sozinho. Você encontrará muitas inspirações e exemplos na vida cotidiana que o levarão de um desejo simples a uma paixão ardente.

Lagos calmos, céus azuis incrivelmente brilhantes, uma caminhada revigorante em um dia de outono. Embora pareçam comuns e monótonas, essas experiências lindas e naturais são apenas um exemplo das pequenas coisas da vida que você virá a apreciar e nas quais se inspirará. Portanto, reserve um tempo para si mesmo, dê um passeio relaxante; fique sozinho com seus pensamentos. É somente fazendo isso que você descobrirá não apenas os problemas, mas as soluções.

Armado com essa perspectiva nova e única, não há nada que você não possa alcançar. Esse estado de espírito permitirá que você mergulhe nas profundezas de sua psique, descubra os principais conflitos e problemas que o têm assombrado e inibido seu caminho para o sucesso e lhe dará o poder de resolvê-los sozinho.

O problema de depender de outras pessoas para resolver problemas é que você não cresce como pessoa. É simplesmente um remédio curativo para um ferimento muito maior. Sua vida está ferida, sua mente e seus pensamentos estão feridos e você precisa fazer uma cirurgia. Se você não consegue aprender a confiar em si mesmo e resolver esses problemas do seu próprio jeito, sempre terá problemas que o perseguirão.

Tornar-se autossuficiente é a única mudança que você fará em sua vida da qual nunca se arrependerá. Conforme o tempo passa e você experimenta mais, nunca encontrará um momento em que desejaria não ser tão autossuficiente. Isso ocorre porque você nunca se decepcionará. Você está no controle de si mesmo, então por que sabotaria deliberadamente sua própria saúde? Isso mesmo, você não faria. Você sabe exatamente o que precisa, então por que confiar sua vida a outra pessoa?

Essas mudanças não ocorrerão instantaneamente; exigirá muito trabalho e dedicação para realizar as mudanças que você deseja em sua vida. Perceber que você tem problemas, entretanto, é o primeiro passo para fazer essas alterações. Sem essa etapa, você ficará preso no degrau inferior, deixando a vida passar e todas as oportunidades escapando. Você acha que está acima do peso. Você quer perder peso. Tome alguma iniciativa! Dê um passeio, admire a natureza ao seu redor, encontre algo que você ama e use essa inspiração para fazer a mudança. Pode levar meses; pode levar anos, mas se você confiar em si mesmo, poderá sempre alcançar seus objetivos.

Mudanças construtivas para a autossuficiência e mudança construtiva por meio da meditação

Às vezes você precisa apenas tirar um momento para relaxar, para apreciar o mundo ao seu redor, para entrar em sintonia com seu eu interior ... um momento para ser apenas você. A meditação pode dar a você esse momento. Não é um truque ou esquema, não é uma solução rápida ou um negócio duvidoso, a meditação é uma tradição milenar transmitida por culturas e celebrada ao longo do tempo. A meditação limpa sua mente e permite a passagem livre de ideias espirituais e pensamentos proféticos. Embora a meditação possa parecer nada mais do que uma maneira de matar o tempo ou uma moda passageira, ela pode levar você a uma vida melhor.

O que mais inibe as mudanças que as pessoas precisam em suas vidas é o estresse. Estamos muito estressados com nossos empregos, nossos relacionamentos e nossos programas de TV ... diabos, até mesmo nossos animais de estimação! Ficamos obcecados e estressados com cada coisa minúscula e minúscula até que nos deixe loucos. Com tudo esse estresse, é uma maravilha porque nada nunca sai da maneira que queremos.

Você quer aqueles sapatos novos, mas está tão estressado com o pagamento de contas e com a felicidade de sua esposa que nem mesmo dá tempo para descobrir uma maneira de economizar dinheiro para eles. Você quer fazer uma viagem para Atenas, pena que seu chefe está respirando fundo sobre a proposta que ele quer em sua mesa na segunda-feira! Você nunca desejou poder apenas olhar para dentro de si mesmo, dedicar um tempo para descobrir tudo e simplesmente fazer isso? Bem, você pode, com meditação. Existem toneladas de ferramentas e guias online para ajudá-lo a atingir seus objetivos por meio da meditação.

Não é difícil começar com uma pequena sessão de cinco minutos por dia e aumentar gradualmente o seu tempo conforme necessário. Tudo o que você precisa é reservar de 30 minutos a uma hora por dia para você. Por mais ocupada que sua vida seja, tenho certeza de que você pode dispensar isso. Agora o que você precisa fazer é apenas relaxar. Pense em como seria ser feliz; para ter seus sentimentos mais desejados atendidos. Agora limpe sua mente. Absorva o mundo ao seu redor, absorvendo tudo e canalizando o sentimento e o espírito de tudo. Limpe sua mente removendo todos os seus pensamentos negativos e impuros e apenas relaxando, ficando em paz.

Com uma mente clara e um intelecto focado, você agora pode definir suas habilidades afiadas nos problemas de sua vida. Agora você tem um período durante o dia em que pode relaxar, ser você mesmo e enfrentar as coisas que deseja mudar, mas nunca teve tempo. Esses sapatos que você queria. E aquele bônus que você está recebendo no final do mês. Que tal uma viagem de chapéu para Atenas, Bem, você não poderia agendar uma reunião com o presidente das instalações de Atenas da sua empresa?

Quando você reserva um tempo para se sentar, relaxar e limpar a mente, você é capaz de depender de si mesmo para realizar tarefas vitais. Em vez de depender de amaras, pagers e laptops neste mundo agitado, pense no básico. Tudo que você precisa é sua mente e algum tempo sozinho. Com essas duas ferramentas, você poderá contar apenas com você para resolver qualquer tarefa que possa estar incomodando você. Mesmo as principais decisões da vida se tornarão mais fáceis de fazer quando você estiver concentrado e relaxado.

O primeiro passo para melhorar sua vida é aumentar a confiança que você tem em si mesmo, só então o resto virá. Reservar um tempo para limpar a cabeça, curtir a vida e apenas se deixar relaxar é a melhor estratégia que você poderia seguir. Isso não apenas melhorará a qualidade do seu pensamento, mas

A arte da autoconfiança + bônus

também a sua confiabilidade.

Pense positivamente! Á Autossuficiência e Mudança Construtiva

Sem pensamento positivo, não há espaço para a mudança construtiva e a autossuficiência florescer e se desenvolver. Treinando-nos para pensar positivamente e com entusiasmo, podemos mergulhar em nossas mentes e descobrir as forças que nem mesmo sabíamos que tínhamos dentro de nós. Pensar positivo é a única maneira infalível de realizar mudanças em sua vida e de iniciar você no caminho da autossuficiência e de mudanças construtivas em sua vida.

Confie em seu subconsciente. Em algum momento durante o dia, pare e apenas observe a situação ao seu redor. Você está feliz? Você sente que é aqui que você quer estar? Você se sente em casa, confortável ou satisfeito com a situação? Mais importante, você acha que a carreira ou o trabalho em que está é algo que pode continuar fazendo?

Se perceber que não está feliz com seu trabalho ou carreira, é hora de descobrir o porquê. Quando você passa por uma janela brilhante ou um espelho de corpo inteiro, você se olha? Você gosta de sua aparência ou se encolhe ao ver quem você é? Se você está enojado com o que se tornou, não há necessidade de lamentar e ficar deprimido. Essa compreensão é o primeiro passo para a felicidade.

Pense positivamente. Em vez de pensar em todas as coisas que estão dando errado em sua vida, pense em ideias e situações que podem fazer você feliz. Sonhe com o emprego ou relacionamento perfeito e depois se esforce para encontrá-lo! Quando você está pensando positivamente e com entusiasmo, é mais provável que seja enérgico e extrovertido e, portanto, mais provável que faça melhores conexões tanto em negócios quanto em relacionamentos.

Ao usar esse pensamento positivo, você agora está pensando por si mesmo. Você está usando os bons pensamentos e ideias que habitam dentro de você para realizar mudanças. Isso é autossuficiência. Você está contando com os pensamentos e ideias que você mesmo apresentou ao pensar positivamente para realizar as mudanças que deseja. Essas mudanças construtivas são o que você está se esforçando para alcançar.

Antes de fazer suas mudanças construtivas, você deve se perguntar "É isso que eu realmente quero?" Porque se você está tentando fazer mudanças em sua vida com as quais não está completamente feliz, você logo se verá de volta à estaca zero. Para alcançar a felicidade, você precisa desejar as mudanças que está promovendo.

Se seu trabalho for muito estressante, use seu pensamento positivo para conseguir uma promoção. Se a promoção que você recebe não melhora sua felicidade ou seu conforto, talvez você deva pensar em mudar de carreira. Se a própria natureza ou ideia do seu trabalho o desanima, então talvez você não seja adequado para esse campo de trabalho. Use seus pensamentos positivos para descobrir no que você é bom e depois faça isso!

Não há situação em sua vida que não possa ser melhorada. Se você pensa assim, sua vida está sem esperança, indo a lugar nenhum, sem saída, então provavelmente você está certo. Se você acredita que pode mudar isso e que, no final, pode ser feliz com seu trabalho e vida pessoal, então você será. O segredo de qualquer situação é não permitir que seus pensamentos negativos o sobrecarreguem. Quando você pensa negativamente, você duvida de si mesmo. A dúvida diminui a probabilidade de você confiar em seus instintos e o conceito de autossuficiência é jogado pela janela. A fim de trazer mudanças construtivas em sua vida por meio da autossuficiência, você deve fazer exatamente o que a estratégia implica e confiar em si mesmo! Se você pensar positivamente, tiver esperança e confiança em seu potencial, você alcançará grandes coisas.

Menos estresse, menos bagunça: para autossuficiência e mudança construtiva

O estresse é a principal causa de infelicidade entre a população hoje. Quando você está estressado, você se atola com pensamentos, sentimentos e ideias negativos. Remova o estresse de sua vida e observe a felicidade, os bons pensamentos e o conforto voltando à sua vida. Remover o estresse aumentará enormemente seu estado de saúde; ajudá-lo a viver mais e realmente aproveitar a vida mais longa que você viverá. Medo, infelicidade, raiva, frustração e tristeza, todas essas coisas podem levar a uma vida muito estressada. Estar estressado pode fazer você se sentir ameaçado, com medo e com medo de mudanças. Com as pessoas da era moderna trabalhando duas vezes mais, e com metade do incentivo, não é de se admirar que a população esteja tão estressada! Todo esse estresse leva a doenças frequentes e pode até resultar em morte!

O estresse não é totalmente mau, no entanto. Embora isso possa parecer radical, engraçado e até absurdo, o estresse pode ser um dos maiores motivadores que você pode ter!

Acima de tudo, você não deve se preocupar com sua situação atual. Mesmo que o seu destino na vida não seja o que você esperava, você não tem ideia do que o futuro reserva, então por que ficar taciturno? Você precisa desacelerar sua vida e vivê-la dia a dia, se não segundo a segundo, para que possa maximizar a quantidade de esforço e tempo investidos em sua vida.

Se você está experimentando tensão constantemente, pode procurar formas terapêuticas para aliviar essa tensão, como massagens, chás de ervas ou agradáveis caminhadas relaxantes. Recorrer a coisas como drogas ou álcool para se libertar é uma má ideia e só vai atrasar o seu progresso. Se, por exemplo, você não está dormindo o suficiente e acha que o álcool o acalma e permite que você descanse o que precisa, você está enganado. O álcool interrompe o sono REM essencial de que seu corpo precisa e pode bagunçar todo o seu sistema de relógio interno.

Em vez disso, você pode ir à farmácia local e comprar alguns suplementos de ervas para ajudá-lo a relaxar e dormir. Esses suplementos relaxarão seus nervos e fornecer a você um sono confortável e cheio de REM. Esses suplementos custarão muito menos do que narcóticos ou álcool e serão muito mais seguros e saudáveis para seu sistema, contribuindo ainda mais para a eliminação geral do estresse. O problema com a maioria das pessoas é que elas são incapazes de detectar o estresse quando realmente o estão passando; a maioria das pessoas terá muitos sinais de uma vida estressante e nem mesmo saberá disso!

O sinal clássico de estresse é quando você está excessivamente irritado. Quando você está constantemente no limite, é muito sensível, crítico ou irritadiço, provavelmente está sobrecarregado e estressado. Atitudes pessimistas são rapidamente ofensivas ou muito emocionais também são sinais de que você está estressado, que você precisa controlar. Sinais corporais como espasmos, roer as unhas e suor são indicadores muito bons de estresse, bem como sinais mais graves e ameaçadores como náuseas, úlceras e consumo excessivo de cigarro ou álcool. Quando você acha quase impossível focar ou se concentrar em uma coisa, é mais provável que sua mente esteja nadando em muitos pensamentos.

Além disso, você está sobrecarregado por causa do estresse. Ficar obcecado por decisões, ser incrivelmente meticuloso sobre coisas sem sentido e ser muito analítico ou "perfeccionista" também podem ser sinais de estresse. Vários sintomas emocionais que indicam estresse podem ser, baixa autoestima, ataques de pânico, raiva incontrolável, ciúme, estar constantemente à beira do choro, pesadelos, riso incontrolável ou mesmo incapacidade de rir.

Todo esse estresse é extremamente prejudicial à sua saúde e ao seu estado de vida. Ao perceber que o estresse pode muito bem ser o seu principal problema, isso pode motivá-lo a livrar-se do estresse e, portanto, aumentar a sua felicidade exponencialmente.

Aproveitando e melhorando a sua vida: para autossuficiência e mudança construtiva

Nossas vidas dependem muito da autoestima e de nos sentirmos bem com o que fazemos. Se nos sentirmos infelizes, estressados ou deprimidos com relação a quem somos e o que estamos fazendo, isso diminui nosso potencial e pode até contribuir para a doença. O estresse é um fator especialmente problemático para determinar o quão felizes somos na vida. Essa barreira de estresse erguida entre você e seu objetivo, parecerá quase impossível de penetrar. A autoestima é extremamente importante para estabelecer uma vida feliz e equilibrada. Se estivermos em paz conosco mesmos e o estresse em nossas vidas diminuir do que estaríamos, mais felizes, mais saudáveis e coisas boas começarão a vir para nós.

Pensamentos negativos e má autoimagem contribuirão para o estresse massivo, ambientes de trabalho negativos e relacionamentos ruins. Existem tantos aspectos negativos em nossa vida que nos preocupamos e que nos deixam infelizes. Sentimo-nos presos e controlados por essas coisas negativas, mas na realidade temos o poder de conquistá-las.

O poder de controlar esses pensamentos negativos e transformá-los em pensamentos positivos está em fazer coisas por você. Tirar um dia apenas para relaxar e fazer as coisas que você, o amor pode melhorar drasticamente sua situação. Basta assistir um pouco de televisão, pôr a leitura em dia, dar um belo passeio revigorante, você se sentirá melhor consigo mesmo por fazer todas as coisas que ama. Porque você está feliz, sobre quem você é e o que está fazendo, outras coisas positivas virão.

Precisamos de coisas assim, pequenas fugas da realidade em que possamos satisfazer nossas necessidades, para melhorar nossa felicidade e pensamentos positivos. O pensamento positivo é o melhor motivador que você pode ter, ele reduz o estresse e faz você confiar mais em quem você é como pessoa e não nas coisas a que você tem acesso. Esta não é uma solução rápida para a depressão ou um esquema para enriquecimento instantâneo, é um trabalho difícil e capaz de mudar uma vida.

Autoestima é como nos percebemos; é a opinião que temos sobre quem somos como pessoas. Se você está deixando o estresse tomar conta de sua vida, sua autoestima ficará extremamente baixa e você se sentirá impotente o tempo todo. Pense nas mudanças que você pode fazer em sua vida para aliviar um pouco do estresse que está sentindo. Pense no que você pode fazer por si mesmo para tornar a vida mais agradável. Faça essas mudanças em sua vida e, sem dúvida, verá uma mudança em seu humor e em suas experiências.

É preciso muito trabalho e dedicação para conseguir relaxar em nossas vidas e nos aliviar do estresse, mas isso pode ser feito, e uma vez que você se sinta ótimo. Livrar-se de todo o nosso estresse não é realista, sempre haverá coisas inesperadas que aparecem e nos estressam. No entanto, livrar-se de todo o estresse que não precisa estar presente é perfeitamente factível. Uma boa maneira de fazer isso é por meio da música. Encontre uma banda, gênero ou música que você ame e tire cinco ou dez minutos por dia apenas para sentar ou deitar lá, ouvindo a música e relaxando. Limpe sua mente, interprete a música, imagine a letra, faça o que você sentir, mas apenas reserve um tempo para se sentar e relaxar. Essa coisa aparentemente simples é a chave para sua felicidade pessoal.

Porque você deseja uma mudança em sua vida, uma mudança construtiva, você está se esforçando para amar a si mesmo. Se você ama quem é, poderá confiar mais no que é capaz de fazer. Ao fazer isso, você colocou a bola em movimento. Agora você confia em si mesmo para fazer mudanças.

Medo da mudança para autossuficiência e mudança construtiva

O principal fator de decisão, a coisa que pode moldar e moldar nossas vidas da maneira que quisermos, a única coisa que pode colocar em movimento a esteira que é nossas vidas é, mudança. Embora pareça um conceito simples, muitas pessoas ignoram o fato de que, para alcançar as mudanças construtivas que você deseja na vida; você deve primeiro aceitar o fato de que sua vida será diferente. O medo da mudança é extremamente comum na maioria das pessoas, mesmo as pessoas que estão insatisfeitas com suas vidas temem a mudança. A mudança pode ser prejudicial, mas apenas se você impedir que aconteça. Porque então você fica preso, sua vida se deteriora e você rapidamente se transforma em infelicidade.

Essa infelicidade geralmente se manifesta na forma de atividades ilegais, como drogas ou prostituição, atividades que têm efeitos adversos em sua saúde, como fumar ou abuso de álcool, ou mesmo comportamento antiético, como promiscuidade ou adultério. Todos esses hábitos têm duas coisas em comum, eles são uma solução pouco prática para um problema crescente e levam apenas a mais infelicidade.

Pessoas que não conseguem aprender a aceitar as mudanças em suas vidas continuarão a correr na esteira da infelicidade até morrerem. Por que simplesmente aceitar que você não gosta da sua vida, por que não faz algo a respeito? Com medo de que a mudança atrapalhe a rotina diária que você passou a desprezar de qualquer maneira. Não há razão para temer a mudança porque a mudança é a essência de tudo o que pode ser bom.

Então, é claro, você quer viver mais saudável e por mais tempo, quer ser mais feliz, mais alegre e menos zangado. O problema é que você deseja rápido e fácil, sem esforço ou mudança. Infelizmente, você terá que enfrentar obstáculos neste caminho para a grandeza. Esses obstáculos e problemas que você enfrenta são apenas a ordem natural das coisas. Para realizar grandes mudanças, você deve primeiro vencer grandes obstáculos. Alguns dizem que a jornada é sua própria recompensa; outras pessoas mais sãs, porém, dizem que a recompensa só é obtida se houver uma jornada.

A principal razão pela qual as pessoas não podem aceitar a mudança é que não conseguem entender a natureza da mudança. Muitas pessoas ainda mantêm fortes as crenças de seus ancestrais. A mudança é perturbadora, anarquista e errada. Entretanto, este simplesmente não é o caso; mudança é apenas uma progressão lógica das coisas. Mudança é a canalização de energia positiva para produzir mudanças positivas. Se você pegar todos os seus pensamentos positivos e esperançosos sobre possuir uma nova lavadora e secadora e colocá-los em uso para motivá-lo a obter uma promoção ou um bônus no trabalho, você alcançará a mudança.

A melhor mudança que você pode fazer em sua vida é uma mudança no estilo de vida. Quer se trate de dieta, exercício ou outro, uma escolha de estilo de vida positiva quase sempre contribuirá para uma vida positiva. Você pode começar com uma caminhada de 30 minutos diariamente. Não muito longe, talvez até a loja da esquina para comprar um pouco de leite, ao virar do quarteirão e em casa, você se sentirá bem consigo mesmo porque você mesmo fez a mudança. Você estocou leite e se exercitou. Você não apenas fez uma tarefa doméstica, mas também se tornou mais saudável ao longo do caminho!

O que a maioria das pessoas não sabe é que os pensamentos que ocorrem em sua mente logo se manifestam em seus hábitos e comportamentos. Se você está cercado por um comportamento violento e criminoso ou atos rudes e repulsivos, você começará a exalar essas tendências e a cometer esses atos. Se você assistir a programas de televisão repletos de nudez, violência e xingamentos excessivos, isso se apresentará em seus maneirismos e diálogos.

Embora existam muitas maneiras de deixar a mudança controlar sua vida, proporcionando-lhe um resultado extremamente negativo, se você apenas continuar pensando positivo e pensar na mudança e algo bem-vindo em sua casa, você estará no caminho para o sucesso mais cedo do que você pensa.

Percebendo seu potencial para a autossuficiência e mudança construtiva

Pode levar apenas um momento para você perceber quem você é e o que você é capaz de fazer e, neste momento, você pode aproveitar esses sentimentos para mudanças construtivas em sua vida. Todos nós podemos fazer mudanças construtivas em nossas vidas, mesmo aqueles de nós que estão completamente determinados em nossos caminhos, com medo da mudança ou sentem que, por ser assim que foram criados, não podem mudar. Você está errado, você pode mudar e pode ser feliz.

Se você quer trabalhar para que as coisas em sua vida aconteçam para você, é possível e você pode fazer isso. Não desanime porque a tarefa parece assustadora, é mais do que factível quando você percebe que tem potencial. Você só precisa ser capaz de reservar algum tempo a cada dia para refletir sobre sua vida e sobre você mesmo e usar essas ideias e sentimentos para motivá-lo!

Todos nós somos capazes de fazer mudanças construtivas, mesmo que nos sintamos sem esperança. Se você tiver força de vontade suficiente, a percepção que deseja mudar e uma perspectiva positiva, o resto seguirá o exemplo em breve. Você nunca precisa seguir sozinho, no entanto, há muitos guias e truques bons e úteis para ajudá-lo ao longo do caminho, e tudo o que você precisa fazer é procurá-los. Embora esses guias e truques possam ajudá-lo, você não pode contar com eles para fazer o trabalho por você. Para ser verdadeiramente feliz, o trabalho deve vir de dentro de você.

Depender de "você" abre um mundo de possibilidades de crescimento e mudança. De repente, você se verá fazendo todas as coisas com que sempre sonhou e adorando. Com uma determinação feroz e uma compreensão do que você sabe que é o seu potencial ... apenas o que você PODERIA fazer, não há nada que o impeça.

Confiar em si mesmo é a habilidade mais crítica que você aprenderá. Através do processo de perceber o que você pode ser, você começará a ver a si mesmo de forma mais positiva. Essa nova autoimagem positiva fará com que você se sinta muito melhor em relação a confiar em si mesmo e em seus instintos. Embora as mudanças construtivas provavelmente levem tempo, não há razão para desanimar. Com esse reforço positivo, você pode mudar qualquer coisa em sua vida que achar que deveria, seja perder peso ou mudar de emprego. Essas mudanças o ajudarão a recuperar o controle de sua vida e a parar de viver de acordo com o que o mundo deseja que você viva. Este guia é para ajudá-lo a se tornar o melhor que existe.

Mudanças construtivas são essenciais para a melhoria de sua vida. Mudar seus hábitos antigos e prejudiciais por novos e saudáveis ou simplesmente fazer escolhas inteligentes de estilo de vida vai fazer você se sentir muito melhor sobre sua situação na vida. Mudar seus modos preguiçosos e letárgicos, como ser um viciado em televisão o dia todo, para coisas mais produtivas como dar uma caminhada, tudo pode ser feito se você perceber que tem potencial para mudar.

Você começará a ansiar pela vida e por vivê-la quando começar a fazer mudanças para melhor. Sua perspectiva vai iluminar sua vida e até mesmo a vida das pessoas ao seu redor. Quando mudanças positivas são feitas em sua vida, isso é transmitido através de sua disposição alegre e colegas de trabalho ou chefes podem notar e fazer bons comentários, levando a mais sucesso! Não se esqueça de ser positivo e feliz é também dar um bom exemplo para todos; isso resultará em ambientes sociais e de trabalho mais felizes.

Esta não é uma grande luta; às vezes você precisa se soltar e se dar uma recompensa por seu trabalho árduo. Basta refletir sobre todo o progresso que você fez e comemorar comprando algo legal para você, saindo com as pessoas, convidando aquela garota do café para um encontro. Recompense-se por tomar iniciativa tomando alguma iniciativa!

Do relaxamento à autossuficiência e mudança construtiva

O relaxamento é de longe a única coisa que as pessoas de hoje ignoram. A maioria das pessoas está muito ocupada ou estressada para ter tempo e relaxar. Mal sabem eles que essa incapacidade de simplesmente parar, limpar a cabeça e ser autoanalítico é o que está causando a negatividade em suas vidas? Ao relaxar, podemos aprender a explorar as maravilhas e possibilidades de nossas mentes. Podemos encontrar ideias novas e interessantes que não sabíamos que tínhamos e podemos colocá-las em bom uso para melhorar nossas vidas. O relaxamento é o que pode iniciá-lo em seu caminho para fazer mudanças construtivas em sua vida e confiar mais em si mesmo e menos nos outros.

Contar com outras pessoas e até mesmo com programas de computador pode parecer uma maneira rápida e eficaz de descarregar seus problemas, mas, na realidade, está fazendo mais mal do que bem. Ao fazer isso, você está constantemente evitando as responsabilidades e os problemas que enfrenta em sua vida. Se você estiver cara a cara com um problema que não pode terceirizar, um problema que um computador não pode resolver, você estará preparado? Passar todos os seus problemas e responsabilidades para outras pessoas inibe sua capacidade de crescer e aprender como pessoa. Como resultado, você provavelmente ficará preso em um emprego sem saída que você odeia, cercado por pessoas que você despreza.

Você está feliz com quem você é e com o que faz? Se não, pergunte-se por que não. Se você não está feliz consigo mesmo, é provável que isso tenha um impacto muito negativo em sua vida. Há muitas coisas que você pode fazer para melhorar sua autoestima e a maneira como você se vê. Reserve cinco minutos para escrever no papel todas as coisas sobre você que você sente que são únicas ou das quais você se orgulha. Agora faça o mesmo com todas as coisas que você acha que são negativas a seu respeito ou que o estão deixando para baixo. Agora pegue a lista de coisas negativas e queime-a. Você deve então pendurar a lista de coisas positivas em algum lugar de sua casa, onde você a verá todos os dias. Isso o lembrará de como você pode ser uma boa pessoa e do quanto é importante.

Relaxar não significa necessariamente não ter problemas; é por isso que as pessoas não conseguem relaxar. As pessoas acreditam que, para relaxar, sua vida precisa se livrar de tudo o que é problemático ou estressante. Embora isso seja ideal, simplesmente não é possível. É por isso que as pessoas nunca obtêm os resultados que desejam descarregando seus problemas nos outros e manifestando seu estresse em hábitos terríveis.

O que você precisa fazer é reservar um tempo para si mesmo todos os dias. Não precisa ser muito, talvez apenas uma hora. Use esse tempo para fazer algo que seja catártico, algo que leve suas frustrações e problemas e os canalize para algo positivo e relaxante. Comece a correr ou a lutar boxe, comece a escrever um romance; talvez até comece um pequeno negócio para você. A questão é que você deve fazer algo que seja divertido para você e que você ame.

Depois que você começar a relaxar e não se preocupar constantemente com os problemas de sua vida, surgirão soluções para esses problemas. Você começará a pensar com mais clareza e sua mente não ficará tão cheia de pensamentos negativos. Isso permitirá o surgimento e a passagem livre de pensamentos positivos e ideias interessantes. Agora você pode aproveitar esse poder para provocar mudanças positivas e construtivas em sua vida.

Quando você usa essa nova cabeça clara para se concentrar, analiticamente, na situação e apenas descobrir o que precisa ser feito, as soluções fluirão por você como chuva. Este guia para autossuficiência e mudanças construtivas pode parecer simples, mas só porque é. Se você reservar um tempo para desacelerar a vida, começará a ver as coisas com muito mais clareza.

Hobbies quanto à Autossuficiência e Mudança Construtiva

Nossas vidas podem estar tão cheias de estresse; correria agitada e preocupação constante garantem que não tenhamos tempo para desfrutar das coisas que amamos. Por causa disso, nossa criatividade e potencial são fortemente sufocados. Não percebemos o quanto mais podemos alcançar, porque não nos damos a chance de canalizar todos os nossos pensamentos e ideias. Portanto, em vez de inventar uma cura para uma doença, estamos simplesmente trabalhando das 9 às 5 em um emprego sem saída. Você quer ser capaz de realizar todo o seu potencial e canalizá-lo para algo bom? Bem, se você quer ser capaz de fazer mudanças em sua vida, precisa começar fazendo algo muito simples: comece um hobby!

Você pode pensar nisso como um conselho tolo, até mesmo ridículo, mas, na realidade, será a maior força motriz em sua vida. Em um mundo agitado e cotidiano em que vivemos agora, dificilmente nos damos tempo para respirar, muito menos para ter um hobby. Por causa disso, todas as nossas ideias e criatividade que fluem livremente se manifestam em frustração, ciúme e raiva. Esses pensamentos negativos nos consomem. Além disso, acabará por ser nossa queda.

Comece reservando trinta minutos por dia para si mesmo. Mesmo que pareça que isso vai interromper o tempo que você precisa para trabalhar ou se estressar com a sua vida, vale a pena no final. As mudanças que você realiza superam em muito a possibilidade mínima de ter um impacto negativo.

 A arte da autoconfiança + bônus

Este é o primeiro passo, e você o fez. Você reservou um tempo todos os dias para canalizar suas ideias e criatividade para algo produtivo. Seja construindo sua coleção de selos, aprendendo a tocar violão, escrevendo um romance ou simplesmente dando um passeio, faça. As coisas que você adora fazer estão sendo feitas. Isso fará com que você se sinta melhor em relação ao tipo de pessoa que é. Você começará a gostar de quem você é muito mais do que gostava. Como suas ideias e pensamentos agora têm uma saída, eles não vão se acumular e colocar pressão sobre você. Ao dedicar trinta minutos por dia a si mesmo para fazer algo divertido, você acaba de eliminar uma das principais fontes de estresse de sua vida.

Embora pareça simples, esse processo o iniciou no caminho para uma vida mais feliz e saudável. Com uma quantidade reduzida de estresse, você reduz o risco de doenças como gripes, resfriados, úlceras e até morte. Seu estresse negativo agora foi substituído por um potencial positivo.

Noites estreladas, pôr do sol glorioso, noites frescas de verão, tudo começará a se apresentar como belas e interessantes obras de arte. Embora parecessem comuns e naturais, agora você os verá como fontes de inspiração e poder.

Você começará a obter satisfação com a experiência de ver um pôr do sol. Você pode até canalizar seus sentimentos para a nova música que está escrevendo. Talvez aquela nova música que você acabou de escrever seja boa o suficiente para tocar no rádio. As possibilidades são infinitas.

Você será capaz de alcançar tudo o que deseja com esta nova e melhorada visão da vida. Esse processo permitirá que você descubra seus pensamentos e ideias positivas e os use para substituir a negatividade e o estresse que o atormentam. Todas as preocupações e problemas da sua vida, você também pode canalizar para o seu hobby. Use sua raiva como motivação para escrever um poema inspirado. Use o relacionamento hostil com um colega de trabalho como base para um conto.

Embora pareçam simples, essas mudanças não ocorrerão rapidamente sem esforço. Reservar um tempo para fazer o que você ama e iniciar um hobby é o passo mais importante. Você preparou o terreno para se tornar uma pessoa melhor e melhorar sua vida. Pensar positivo trará recompensas.

O pensamento positivo é a chave para a autossuficiência e a mudança construtiva o que você vê quando se olha no espelho? Você está feliz com sua aparência? Como você se sente em relação à sua carreira? Você assume alguma responsabilidade por seu próprio destino? Alternativamente, você se sente vítima das circunstâncias? Seus pensamentos e sentimentos gerais sobre você e sua vida são mais positivos do que negativos?

Se sua reação ao se olhar bem no espelho não for positiva, você tem um trabalho a fazer antes de estar no caminho da autossuficiência e de uma mudança construtiva em sua vida. Você precisa estar confortável com quem você é antes de desenvolver uma perspectiva positiva e um senso de controle sobre seu destino.

O pensamento positivo é uma ferramenta poderosa para autossuficiência e mudança construtiva. Para muitas pessoas, o pensamento positivo é a chave para desbloquear a felicidade e a satisfação de longo prazo. Para experimentar uma mudança construtiva na vida, você deve desenvolver a autossuficiência que vem como resultado do pensamento positivo.

O pensamento positivo é necessário para incorporar mudanças construtivas na vida de alguém. Para aproveitar plenamente os benefícios da autossuficiência, o pensamento positivo é necessário. O pensamento positivo está fortemente ligado à autoconsciência. Por meio de pensamentos positivos, as pessoas podem descobrir quem são no fundo e encontrar seu eu interior e suas forças ocultas.

O pensamento positivo nos ajuda a fazer as mudanças necessárias para o sucesso e a felicidade ao longo da vida e nos orienta na direção certa para ter uma visão positiva da vida. Muitas das atitudes que desenvolvemos em relação à vida se desenvolvem subliminarmente, o que significa que não decidimos conscientemente ter as atitudes que temos. A maneira como pensamos e vemos o mundo afeta nossa atitude geral. O pensamento negativo leva a uma perspectiva negativa. O pensamento positivo influencia o desenvolvimento de emoções positivas e reações aos sentimentos. É assim que o pensamento positivo pode levar a uma mudança construtiva.

Quando você treina para ter pensamentos positivos, sua perspectiva melhora.

Você será capaz de basear as decisões que toma em uma base positiva. Quando você pensa positivo, você se torna mais autossuficiente e assume a responsabilidade por sua própria felicidade e autossuficiência.

Se sua carreira é uma área desafiadora para você, a primeira decisão que você precisa tomar é se está ou não na carreira certa. Em caso afirmativo, pergunte-se como você pode transformar seus sentimentos negativos sobre sua carreira em sentimentos positivos, para que tenha a oportunidade de ser bem-sucedido.

Por outro lado, se você perceber isso, você não está na carreira ou no local de trabalho certos; concentre-se em identificar o que não é certo para você em sua situação atual. Depois de saber o que não está procurando, busque oportunidades de carreira em um campo ou ambiente que seja mais adequado para você. Se você optar por permanecer no ambiente errado, está optando por permitir que a negatividade permaneça em sua vida. Assuma a responsabilidade por sua própria felicidade e dê passos positivos para encontrar a carreira que é melhor para você e sua energia positiva de longo prazo.

Ninguém além de você pode responder à pergunta sobre se sua carreira atual é ou não certa para você. Quando você perceber que sua felicidade está em suas próprias mãos e tomar medidas positivas para melhorar sua situação, você desfrutará dos benefícios da autossuficiência e da mudança construtiva que podem evoluir do pensamento positivo e das ações proativas. Muitas pessoas consideram a meditação muito útil quando se deparam com uma mudança importante. A mudança pode ser assustadora, mas a mudança positiva às vezes é uma etapa necessária para controlar o estresse e assumir o controle de seu destino. A meditação pode ser uma ferramenta poderosa para aumentar sua autossuficiência e habilidades de pensamento positivo. Tire férias do estresse.

A autossuficiência pode ajudá-lo a tirar férias do estresse

Como você vê a vida? Você vê a vida como uma agradável aventura de férias? Você está aberto a mudanças? Você está preparado para fazer alguns desvios? Alternativamente, você tem que seguir um caminho definido ditado por pessoas e circunstâncias além do seu controle? Você se permite ficar e permanecer infeliz por se preocupar e se preocupar com coisas que não pode controlar?

A maneira como você encara a vida tem um grande impacto no estresse que você sente no dia a dia. Ao ver a vida como férias agradáveis consigo mesmo no assento do motorista, você pode reduzir muito a ansiedade, o estresse e a negatividade geral em sua vida.

De onde vem o estresse? O estresse é uma resposta às emoções. Você tem a capacidade de estar no controle das emoções que experimenta e de como reage a elas. De quem é a responsabilidade de reduzir o estresse em sua vida? É sua! Você deve controlar suas emoções e administrar o estresse que pode ter um impacto negativo em sua vida cotidiana.

Não há absolutamente nenhum ponto em se preocupar com coisas que você não pode controlar. Está ao seu alcance tomar uma decisão consciente de assumir o controle de sua vida e concentrar sua energia nos aspectos positivos e controláveis de sua vida. Você tem que lidar com as situações à medida que elas surgem para poder seguir em frente. Evitar é negativo, esteja você evitando fazer uma tarefa que não deseja fazer ou evitando tomar uma decisão. Pessoas autossuficientes e positivas experimentam menos estresse do que outras porque lidam com a vida como ela acontece. Eles não evitam coisas que precisam ser tratadas.

Para fazer mudanças construtivas em sua vida, você deve primeiro construir sua autoestima.
Você deve tomar a decisão de assumir a responsabilidade por viver sua vida de maneira positiva. Você tem que perceber que você é o chefe de si mesmo e agir de acordo. Todos podem implementar mudanças construtivas em suas vidas. Tornar-se independente está ao seu alcance. Para construir a autoestima de que você precisa para se tornar autossuficiente, reserve um tempo para pesquisar dentro de si mesmo e descobrir quais aspectos de como você pensa e vive precisam ser mudados antes que você possa se manter por conta de seus próprios pés. Ao banir os pensamentos negativos de evitação e dúvida sobre si mesmo, você pode mudar sua vida para melhor.

Quer você perceba ou não, você sabe mais do que as outras pessoas sobre o que é melhor para você. Ao ouvir o seu eu interior, você encontrará força para fazer o que precisa para trazer mudanças positivas em sua vida. Você provavelmente descobrirá uma força profunda que nunca soube que tinha.

Você não tem que se desligar completamente das outras pessoas. É necessário o apoio e de pessoas positivas em sua vida quando ele é oferecido, mas você não deve se colocar na posição de depender de outras pessoas para sua própria felicidade.

Por meio da autossuficiência, você verá o mundo com outros olhos e estará mais aberto às possibilidades positivas que estão à sua disposição.

Fazer planos é uma parte importante do sucesso de longo prazo na vida. Você não prefere fazer planos para uma jornada positiva do que uma longa escalada íngreme? Ao desenvolver a capacidade de confiar em si mesmo, você se armará para enfrentar os desafios que surgirem. Você não tem melhor munição do que se armar com a capacidade de confiar em você.

Força de Vontade em Autossuficiência e Mudança Construtiva

Sente-se e pense onde você pode encontrar sua força de vontade para fazer mudanças construtivas. Você é o único que pode mudar seu próprio comportamento. Mudar qualquer tipo de comportamento negativo habitual requer força de vontade. Quando você quer mudar seu comportamento, a primeira coisa que você precisa fazer é tomar uma decisão consciente de mudar. Depois de tomar a decisão de mudar, você se agarra a essa decisão. A capacidade de levar a cabo uma mudança que você decidiu fazer é o que tem tudo a ver com força de vontade.

A força de vontade requer um esforço consciente para colocar a mente acima da matéria. Quando você deseja ou anseia por algo que sabe que é ruim para você, é precisa força de vontade para evitar ceder à tentação. A força de vontade é um componente importante da autossuficiência. Você deve conscientemente ficar longe de atividades negativas ou prejudiciais por meio de um ato de vontade, a fim de mudar seu comportamento a longo prazo.

Você é a única pessoa que pode mudar seu próprio comportamento. Depois de tomar a decisão de mudar, será mais fácil se ater à sua decisão se chegar a um conjunto de estratégias destinadas a evitar que perca a força de vontade.

Muitas vezes, os segredos para mudar seu comportamento estão em sua mente subconsciente. Ao refletir internamente, você pode descobrir soluções para a mudança de comportamento que estão enterradas em seu subconsciente. Você também pode fazer algumas pesquisas externas sobre força de vontade e mudança de comportamento. Existem muitos livros e recursos da Internet que fornecem esse tipo de informação. No entanto, simplesmente tomar consciência das barreiras à mudança ou dos segredos de como mudar não é suficiente para provocar mudanças. Você tem que tomar uma decisão e agir para trazer mudanças em seu ganho.

Muitas pessoas querem parar de fumar. Parar de fumar é uma coisa muito difícil de fazer. No entanto, existem muitas razões para deixar de fumar. Fumar é um hábito caro, prejudicial à saúde e pouco atraente. Muito poucas pessoas que fumam querem continuar fumando, mas não têm sucesso quando tentam abandonar o hábito.

Aqueles que não têm sucesso em suas tentativas de parar de fumar frequentemente dizem que não tiveram força de vontade para quebrar o vício da nicotina. Em vez de serem autossuficientes o suficiente para ter força de vontade para realizar seus objetivos, eles cedem aos desejos.

Outras pessoas conseguem parar de fumar. Muitos dos que têm sucesso usam estratégias que podem ajudá-los a melhorar sua força de vontade. Por exemplo, algumas pessoas se envolvem em atividades destinadas a manter a boca ocupada ao tentar parar de fumar. Por exemplo, fumantes que desejam parar de fumar costumam tentar coisas como chupar doces ou mastigar um canudo.
Se você quer eliminar o mau hábito de fumar, você tem que decidir parar e agir de acordo com sua decisão. Você tem que ser autossuficiente e acreditar em

sua capacidade de parar. Você precisa saber que vai ser difícil, mas vale a pena.

Concentrando-se nas razões pelas quais parar de fumar pode ser benéfico para você, você poderá encontrar a força de vontade para vencer o hábito. Você tem que se respeitar o suficiente para provocar mudanças positivas em sua vida. Não importa o quão difícil seja ignorar seus desejos de nicotina, se você for autossuficiente, pode vencê-los. Força de vontade é a chave para parar de fumar, mas para ter força de vontade, você deve primeiro conhecer e gostar de si mesmo por quem você é e ser autossuficiente o suficiente para se ater a padrões de comportamento que permitirão que você faça mudanças positivas que levarão à sua felicidade final. Quebre seus velhos hábitos.

Romper hábitos com a autossuficiência e mudanças construtivas

Romper hábitos é difícil para alguns de nós. Quando você usa seu próprio guia para desenvolver habilidades de autossuficiência para fazer mudanças construtivas, ele traz boas recompensas. Quando nos concentramos em quebrar velhos hábitos que nos atrasam, isso geralmente nos recompensa com sucesso.

A maioria das pessoas envelhece e cria algum tipo de hábito que parece que não conseguimos quebrar. Muitos hábitos, como fumar e comer demais, são prejudiciais à saúde. Ao tentar quebrar hábitos que temos, é preciso tempo, paciência e pensamento positivo. O uso nos ajudará a aliviar o estresse que causa até comer demais ou fumar.

Existem muitos guias que nos ajudam a seguir o caminho do sucesso em quebrar os maus hábitos.
Conforme começamos a jornada pela estrada, use suas habilidades de fala interna para ajudar a aliviar mais o estresse que está prestes a nos atingir de frente.

Todo mundo tem estresse diário. Não há nada que possamos fazer a não ser aprender a ter sucesso com ele. Há algum estresse que podemos eliminar para ajudar a diminuir a carga pesada ao quebrar os maus hábitos. Use sua conversa interna e pergunte-se por que você sente necessidade de fumar ou comer compulsivamente. Pense nas consequências de suas ações. Onde um cigarro ou mais comida leva você quando sente vontade?

Deixe-me passar alguns guias que podem ajudá-lo a parar de fumar ou comer demais.

Depois de conversar consigo mesmo com o pensamento positivo para livrá-los de sua mente, escreva como você pode mudá-los para que não interfiram nas mudanças construtivas para quebrar hábitos ruins.

Escrever metas para não fumar ou comer demais ajudará a orientá-lo em tempos difíceis. Faça seus objetivos razoáveis, não fumar por um dia, prolongando o tempo limite para 3 ou 4 dias. Estabeleça metas para incluir seus hábitos alimentares para obter controle para que você não ganhe peso que geralmente vem com o hábito de fumar. Estabeleça metas para um plano de exercícios para diminuir o ganho de peso que você possa ter.

Quando você para de fumar, geralmente vai fazer você ganhar peso, o que pode ser muito deprimente. Conforme você ganha peso, você quer fumar. Incluir um plano de exercícios em seus objetivos ajudará no ganho de peso e aliviará o estresse que é inevitável. Aprenda a prosperar no estresse para que você possa alcançar seus objetivos com sucesso.

Conforme você atinge cada meta de não fumar e fazer exercícios, recompense-se com algo especial. É um momento especial quando você consegue parar de fumar ainda que por um dia.

Aprender habilidades de meditação ajudará a aliviar o estresse de não fumar e comer demais. Quando você medita, isso o ajudará a se concentrar em sua autossuficiência para fazer mudanças construtivas. Você está fadado a ficar estressado. O estresse pode estimular sua necessidade de fumar ou comer muito. Reveja seus objetivos.

Releia seus planos como um lembrete para você assumir o controle de sua vida e deixar para trás os maus hábitos.

Pense positivo sempre que sentir vontade de fumar ou comer, usando seus guias para fazer mudanças construtivas. Lembre-se, usando suas habilidades de autossuficiência, de como você será mais saudável sem todos esses hábitos ruins.

Reveja sua lista com frequência. Quando perceber que alcançou uma meta, verifique e recompense-o com algo de que goste. Tenha sucesso com guias e planos para aliviar os estressores que podem ser controlados, bem como aqueles que vêm com os hábitos de quebra. Guias e planos ajudarão você a ter uma vida mais saudável.

Conclusão:

A dieta é a maior preocupação crescente no mundo hoje. Quer seja muito ou pouco, existe um grande problema quando se trata da comida que comemos. Embora pareça um tanto sem importância, é um dos principais atores em nos proporcionar felicidade. Você pode pensar que não importa o que você come, desde que você esteja comendo, mas esta é uma afirmação muito falsa. Quanto melhor e mais equilibrada for a sua dieta, melhor você se sentirá, mais claro você pensará e mais positiva sua perspectiva se tornará.

Você pode usar este guia para começar a comer melhor e de maneira mais inteligente. Como você tem um estilo de vida novo e saudável, sua mente fluirá melhor, suas ideias se tornarão mais focadas e práticas, sua visão da vida se tornará mais positiva e seu estresse diminuirá. Sem falar que o seu estado de

A arte da autoconfiança + bônus

saúde vai melhorar drasticamente,

A coisa mais negligenciada entre adolescentes e jovens adultos no mundo de hoje é a nutrição. As pessoas não recebem os nutrientes recomendados de que precisam para ter a mente limpa e um corpo funcional.

Tome alguma iniciativa da próxima vez que for ao supermercado. Em vez de comer aquele frango frito e gorduroso, pegue um pacote de peito de frango sem pele e sem osso que você possa preparar. É tão saboroso e incrivelmente nutritivo.

Em vez de tomar quatro ou cinco xícaras de café por dia, substitua o vício da cafeína por chás de ervas. Eles são revigorantes e contêm muitos ingredientes naturais para estimular a mente sem os efeitos nocivos da cafeína.

Como você começou a substituir os alimentos que apresentam problemas em sua vida, como hambúrgueres gordurosos e batatas fritas por carne magra e batatas assadas, você verá seu corpo se tornar mais saudável. Com um corpo são, vem uma mente sã. Você não se pegará mais tropeçando nas palavras, tentando se lembrar do que deveria fazer, sentado em uma mesa por cinco minutos tentando pensar em um sinônimo adequado. Tudo isso estará desatualizado. Seu intelecto e potencial irão disparar com a implementação de uma dieta nutricional balanceada.

Parece muito simples até mesmo ser verdade; posso realmente causar mudanças positivas e construtivas em minha vida simplesmente mudando o que como? Pode parecer bobo, mas é verdade! As centenas de conservantes e aditivos nos alimentos atuais entopem nossos sistemas. Eles impedem o fluxo sanguíneo adequado, obstruem as artérias, aumentam o risco de ataques cardíacos, acumulam gordura e apenas nos fazem sentir mal sobre nós mesmos.

Isso é o que impede nosso sucesso, uma autoimagem ruim. Você não será capaz de confiar e confiar em si mesmo se se perceber sob uma luz negativa. Comer de forma mais saudável irá ajudá-lo a corrigir isso. Você começará a se sentir melhor com as escolhas que fizer. Os nutrientes que você ingere o ajudarão a se sentir energizado e motivado; você estará pronto para enfrentar esses problemas e esse estresse, em vez de tentar esquecê-lo até que ele se acumule em você. Sua letargia irá embora e será substituída por um novo senso de orgulho sobre si mesmo e a iniciativa de trazer mudanças.

Agora você deve perceber que isso não pode ser feito durante a noite. Mudar seu estilo de vida exige dedicação. Você terá que mudar não apenas seus hábitos alimentares, mas também seus hábitos de exercício. Combine essa salada com uma corrida, você se sentirá duas vezes melhor; Coma essas cenouras como um lanche entre as partidas de tênis. Não é preciso muito, apenas um pouco de iniciativa e pensamento positivo. Depois de alcançá-los, você pode começar sua meta de um estilo de vida mais saudável, o que acabará por impulsioná-lo a fazer mudanças construtivas em sua vida. Quando você se sentir bem consigo mesmo, poderá começar a confiar em si mesmo.

BÔNUS

Obtendo Sucesso Com a PNL (programação neurolinguística)

Introdução

Se você deseja que sua vida seja um sucesso, você precisa controlar como pensa, como o passado o afeta e mudar sua abordagem da vida para que você possa obter o que deseja. Seus pensamentos são muito poderosos e determinarão seu destino.

Se você não controlar seus pensamentos, deixará a vida ditar onde você terminará. É isso que a maioria das pessoas faz e, como resultado, elas vivem uma vida não realizada. Muitas pessoas que estão descontentes com o seu lote recorrem a um terapeuta em busca de ajuda. Um terapeuta fará você habitar no passado e é improvável que isso o ajude a alcançar seus desejos.

Quando você usa as técnicas de programação neurolinguística (PNL), assumirá o controle de sua mente. Uma mente controlada leva a uma vida controlada. A PNL é diferente da terapia, pois se concentra no "como" e não no "por que".

Use a PNL para assumir o controle

Nesta fase da sua vida, você pode sentir que não está muito no controle. Tudo bem, porque o ponto de partida da PNL é controlar o que está acontecendo em sua mente. Isso inclui seus pensamentos, emoções e sentimentos, pois todos eles formam quem você é agora.

Essas três coisas farão você agir de uma certa maneira. Você terá crenças arraigadas sobre si mesmo que podem voltar à sua infância. Talvez seus pais, ou mesmo seus professores na escola, tenham dito algo que realmente ressoou e que você nunca esqueceu. Algumas dessas crenças o limitarão e você pode nem perceber. Com a PNL, você poderá identificar essas crenças limitantes e erradicá-las para que possa avançar. Você pode ter uma fobia do passado que persiste e o impede. Com a PNL, você pode mudar seus pensamentos e sentimentos para que essas fobias desapareçam.

Aplique o que você lê neste e-book

Este e-book contém excelentes informações e conselhos sobre a PNL e como você pode aplicá-lo em sua vida diária para mudar sua vida para melhor. Para tirar o máximo proveito deste e-book, leia tudo e pratique usando as técnicas recomendadas aqui.

Você pode não acertar no começo. Tudo bem, você só precisa continue praticando até obter os resultados desejados. Depois de dominar as técnicas de PNL neste e-book, você poderá alterar qualquer situação. Você também poderá ajudar os outros.

Tudo isso acontecerá apenas se você agir. Há informações de mudança de vida aqui que funcionarão bem para você quando você as aplicar. Não basta ler este e-book e deixá-lo no seu disco rígido, juntando poeira digital.

Assuma o controle de sua vida e seja a pessoa que deseja estar com a PNL. Desejamos a você todo sucesso ao usar as excelentes técnicas de PNL que preparamos para você aqui. Comece a agir hoje e mude sua vida para amanhã.

Obtendo sucesso com a PNL e o que é a PNL?

Antes de começar a PNL (programação neurolinguística), você precisa entender o que é e como funciona. A PNL foi descrita como uma ciência e uma forma de arte, mas, independentemente disso, resultou de anos de estudo sobre como as pessoas bem-sucedidas alcançaram seus objetivos e como isso pode ser replicado por qualquer pessoa.

Nos primeiros dias da PNL, percebeu-se que a replicação de realizações bem-sucedidas é possível se as pessoas mudarem de ideia, de comportamento e de padrões que seguem regularmente. Todos nós temos a capacidade de mudar a maneira como abordamos uma situação para que o resultado seja positivo e não negativo.

Ao dominar a PNL, você terá as ferramentas à sua disposição para definir metas realistas e alcançá-las. Se você for consistente no uso das técnicas neste relatório, criará as alterações necessárias para ter sucesso. A PNL ajudará você a fazer o seguinte:

1 Entenda e controle suas emoções

2 Controles seus pensamentos e crie um foco nítido para alcançar objetivos

3 Erradicar crenças e pensamentos negativos que têm impedido você

4 Superar medos que impedem você de se mover na direção que você deseja ir.

A PNL se concentra muito nas habilidades de comunicação, pois isso é visto como a chave para a conquista do sucesso. Ao aplicar as técnicas corretas de PNL, você se tornará um comunicador mais eficiente e poderá influenciar outras pessoas para que elas tomem a ação que deseja.
Como a PNL pode transformar sua vida

A PNL fornecerá informações sobre os poderes que você possui e técnicas para você assumir o controle total de sua vida. Para fazer isso, você deve mudar sua atitude atual com relação à vida, para poder fazer as alterações necessárias para alcançar os resultados desejados.

A PNL não é um milagre. Você precisa se comprometer com isso e estar disposto a praticar as técnicas de forma consistente para fazer as alterações necessárias. Você está disposto a fazer esse tipo de compromisso? Se você é, a PNL transformará sua vida.

A melhor maneira de obter resultados com a PNL é ter uma mente aberta. Você também precisa ser curioso e flexível quando se trata de seus pensamentos e comportamento. Isso o ajudará a controlar sua mente e modificar seu comportamento para alcançar o sucesso. Leia este relatório na íntegra e aplique as técnicas e você transformará sua vida.

4 maneiras de dominar sua mente para o sucesso com a PNL

OK, é aqui que a borracha encontra a linha. Forneceremos quatro maneiras de usar a PNL para controle e sucesso da mente. Abordaremos áreas como comunicação, ancoragem, reformulação e controle da mente.

1. Usando a PNL para ser um comunicador bem-sucedido

É tudo sobre dominar como você se comunica em nível verbal e não verbal. A palavra falada é muito poderosa, mas a comunicação não verbal também é poderosa. Quando você dominar essas técnicas de comunicação da PNL, poderá influenciar as pessoas e convencê-las a fazer o que quiser.

Criando o Rapport

Essa é uma técnica clássica de comunicação da PNL, na qual você cria uma conexão com outra pessoa no nível inconsciente. Quando o relacionamento é alcançado, é muito mais fácil se comunicar com a outra pessoa, pois há uma confiança formada entre você e ela.

Correspondência e espelhamento

Aqui você terá uma maior consciência da maneira como uma pessoa usa sua fisiologia, dos gestos que faz, da tonalidade de sua voz e das palavras que usa.

Depois de ter essa consciência, você a devolve à outra pessoa, para que ela goste e confie em você. Você deve fazer isso de maneira que a outra pessoa não saiba que você está fazendo isso.

Por que isso funciona? Bem, é porque todos nós confiamos em nós mesmos muito mais do que confiamos nos outros. Se nos apresentarem um reflexo de nós mesmos de outra pessoa, naturalmente confiaremos muito mais nessa pessoa.

Para fazer isso, você precisa criar movimentos semelhantes em sua fisiologia, bem como gestos e tonalidade que a outra pessoa usa. Se eles moverem o braço de uma certa maneira, você espelha isso algum tempo depois. Se eles usarem um certo gesto, use o mesmo ou semelhante gesto. Se eles levantarem a voz, você fará o mesmo.

Visual, auditivo ou cinestésico?

Todos temos esses sentidos e tenderemos a usar um deles como o sentido dominante em tudo o que fazemos. Se você está conversando com alguém e eles continuam dizendo "Entendo o que você quer dizer", o sentido principal deles é visual. Se eles dizem "eu ouço você "ou" eu sinto você ", então eles usarão mais os outros sentidos.

Você precisa encontrar o sentido dominante de outra pessoa e, em seguida, usar muito o mesmo senso quando se comunicar com ela. Isso pode ocorrer em uma conversa individual, em um telefonema ou mesmo com comunicações por escrito, como e-mail. Se eles são uma pessoa visual, use frases visuais em suas comunicações, como "Tenho certeza de que você pode ver o valor da minha proposta".

2. Ancorando sua mente para o sucesso

A ancoragem é uma das técnicas mais poderosas da PNL e é muito fácil de aplicar. Uma âncora é basicamente uma resposta a um estímulo. Ao longo dos anos, você desenvolveu várias âncoras para vários estímulos e isso pode evocar pensamentos positivos ou negativos em sua mente.

Exemplos de âncoras são uma música que traz lembranças para você, um lugar que faz o mesmo, um perfume ou colônia que alguém que você gostava usava no passado ou um toque que você costumava ter ou alguém que você conhece.

Por que você acha que os anunciantes usam músicas e jingles temáticos em seus anúncios?

Porque eles querem usar o poder da ancoragem para evocar uma resposta positiva em você. Uma âncora será formada quando você estiver em um estado elevado e receber um estímulo. Se o seu estado é muito forte, a âncora também será.

 A arte da autoconfiança + bônus

Você pode facilmente criar âncoras positivas para si mesmo que mudarão seu estado em um piscar de olhos e fornecerão a você a confiança necessária para fazer o que for necessário. Se você tem uma âncora negativa da qual deseja se livrar, pode substituí-la por uma âncora positiva.

Para criar uma âncora positiva, você deve primeiro recordar um intenso estado emocional. Algo em que você foi autorizado a fazer algo é sempre bom. Você precisa sentir a alegria disso e realmente criar esses sentimentos fortes dentro de você. Enquanto você estiver nesse estado, crie uma âncora física, como apertar o polegar e o indicador juntos. Se a emoção foi forte o suficiente, você será capaz de recordar esse sentimento simplesmente apertando o polegar e o indicador novamente. Ele deve tirá-lo do seu estado atual para que você possa avançar.

3. Reenquadramento da PNL

Aqui está outro conceito importante da PNL. Um dos pilares da PNL é a crença de que "o mapa não é o território". O que isso significa é que a maneira como percebemos o mundo ao nosso redor é a nossa realidade e não a verdadeira realidade. Temos uma visão subjetiva sobre tudo o que acontece conosco na vida. Você precisa parar de pensar que a vida é uma realidade fixa, porque é isso que todo mundo pensa. Todos nós percebemos a vida de maneira diferente com nossos próprios olhos e a interpretamos com base em nossos valores, nossa moral e nossas crenças. Usamos frames para dar a cada experiência um contexto. Você pode usar a PNL para reformular certas experiências para se capacitar e atingir seus objetivos.

Não acredite que você não tem controle aqui. Como você interpreta o que está acontecendo com você está totalmente sob seu controle. Se você mudar essa interpretação, mudará sua realidade. Você pode usar a reformulação para mudar a maneira como vê o mundo e como os outros também.

É tudo sobre reformular o contexto e o conteúdo. Aqui está um exemplo de contexto. Se você pensa "meu filho pequeno é realmente muito teimoso", você pode reformular isso pensando: "Ficarei muito feliz quando ele crescer, sabendo que será capaz de se defender".

Com a reformulação do conteúdo, você altera o significado de uma declaração para que ela mude o foco. Então você pode estar pensando "por que meu chefe sempre me pede para lidar com os clientes mais difíceis"? Você pode reformular isso para "meu chefe realmente confia em mim".

4. Mudando sua mentalidade com a PNL

O que você está dentro determinará se você será bem-sucedido ou não. Suas crenças são o que faz você e você precisa alterá-las se elas não o capacitarem. Você deve gastar tempo trabalhando nessas crenças limitantes para poder criar a vida que deseja.

Todos nós temos medos irracionais e, muitas vezes, esses podem nos impedir. É essencial que você identifique esses medos e trabalhe duro para eliminá-los. Você não quer que seus medos o sobrecarreguem e o impeçam de tomar as medidas necessárias. Existem várias maneiras de erradicar os medos usando técnicas de PNL.

Seu senso de autoestima também é algo em que você precisa trabalhar. Se você deseja alcançar um objetivo, mas as forças dentro de você estão dizendo que você não merece o que deseja, nunca o alcançará.

Não importa se você possui todas as habilidades para atingir a meta, seu poder interior o impedirá de fazê-lo.

Você tem uma visão positiva da vida ou acredita que o mundo está disposto a pegá-lo? Se sua perspectiva não é tão positiva quanto precisa, você pode usar técnicas de reformulação para mudar gradualmente a maneira como vê a vida. O quanto mais você fizer isso, mais verá sua vida mudar para melhor.

Você precisa usar técnicas de PNL para desenvolver seu foco. O que você focar se tornará sua realidade e muitas pessoas se concentrarão na falta e em outras negatividades. Portanto, mude seu foco para o sucesso, sendo feliz e saudável, em vez das coisas negativas que o impedem de alcançar seus objetivos.

Você precisa acreditar na PNL o que você acredita que é crítico

Crenças são coisas muito poderosas. A mente humana é tão forte que, se você realmente acredita que algo ruim vai acontecer com você, provavelmente acontecerá. O inverso também é verdadeiro: se você acredita que algo o fará melhor (mesmo que não tenha o poder de fazer isso), você ficará melhor.
Se você acredita que pode conseguir algo, provavelmente conseguirá. Se você acha que não pode conseguir algo, provavelmente não será capaz de alcançá-lo. Quando você experimenta uma crença limitante dizendo que você não é bom ou que não pode fazer algo, pode desafiá-lo. Você pode fazer isso efetivamente fazendo perguntas a si mesmo:
"Eu posso fazer isso, só preciso saber como" "Isso é apenas uma opinião e está errado"

 A arte da autoconfiança + bônus

As perguntas são muito poderosas

Você aprenderá como fazer as perguntas certas com a PNL. Isso é vital porque, se você fizer a si mesmo as perguntas erradas, sua mente lhe dará respostas que o privarão e farão você se sentir fraco e inútil.
Muitas pessoas se perguntam: "Por que minha vida é tão ruim?" Bem, você se importa de voltar com muitas razões pelas quais sua vida é ruim e nenhuma delas fará você se sentir bem.
Uma pergunta melhor seria "o que preciso fazer para tornar minha vida melhor? Aqui seu subconsciente deve subir com algumas respostas positivas nas quais você pode trabalhar para melhorar sua vida.

Estabelecendo Metas com Diferença

A maioria das pessoas está familiarizada com o estabelecimento de metas, mas quando você faz isso usando a PNL, há uma diferença na definição convencional de metas. Com o estabelecimento convencional de objetivos, você apenas cria uma lista de desejos e tenta alcançá-los.
A maioria das pessoas falha quando faz isso. Com a PNL, você terá certeza de que os objetivos que está definindo são o que realmente deseja. Isso desafiará a verdadeira razão pela qual você deseja mais dinheiro ou uma casa maior.
Suas emoções entram em jogo para que você saiba o verdadeiro motivo de começar esse negócio ou seguir esse plano de dieta e exercício. Quando isso estiver claro, você estará realmente motivado para alcançar seus objetivos.

O que significam as palavras, Programação Neurolinguística (PNL)?

As três palavras que compõem a PNL fornecem uma grande pista. Primeiro, há a palavra "neuro". Neuro se relaciona com pensamentos e pensamentos em sua cabeça. Depois, há "linguística", que é a maneira como usamos nossa linguagem para nos comunicar interna e externamente. Então "programação" que é sobre como fazer alterações.

A PNL tem tudo a ver com comunicação interna e externa. No momento, você enviará e receberá mensagens de uma maneira específica. Essas mensagens estão no formato verbal e não verbal. A maneira como você processa as mensagens que você recebe determinará em que estado você termina. "Estados" determinará seu comportamento e o que você acaba fazendo ou não fazendo.

PNL é tudo sobre Mudança

Quando você estiver usando técnicas de PNL para melhorar sua vida, você não ficará morando no passado tentando entender por que está fazendo certas coisas que o impedem de ter sucesso. Este é o modelo de terapia e a PNL leva você na direção oposta. Com a PNL, é tudo sobre o que funciona para você, e não o porquê.

Com o modelo de terapia, pode levar muito tempo para que uma mudança positiva ocorra. Isso pode nunca acontecer também. Vai ser doloroso para você mergulhar no seu passado para tentar fazer a mudança que deseja. Com a PNL, as alterações podem ser muito rápidas, pois você se concentra em como fazer as alterações e não no motivo pelo qual precisa mudar.

Crenças e premissas da PNL

Uma das principais crenças da PNL é que você não está quebrado além do reparo. Tudo o que é necessário é que você mude a maneira como vê o mundo para obter os resultados desejados.
O que você acredita que é realidade não é realidade. É o seu mapa da realidade que você internalizou. Esse mapeamento muda se você sofrer influências específicas, como estresse. Portanto, um dos principais objetivos da PNL é alterar o mapeamento que você tem em mente.

Modelos usados na PNL

A PNL tem sua base na modelagem de trabalhos sobre pessoas há vários anos. O pensamento aqui é, "o que torna essas pessoas bem-sucedidas?" e "como posso aplicar isso à minha vida para ter sucesso também?"
Dois dos modelos mais conhecidos na PNL são:

A arte da autoconfiança + bônus

O Meta Modelo

Este é um modelo para a linguagem e a ideia por trás disso é mudar o mapa que temos da realidade. Com o Meta Model, você descobrirá certas coisas do seu subconsciente que requerem um remapeamento.
Todos nós estabelecemos regras que muitas vezes respeitamos sem saber. Essas regras nos levam a generalizar, excluir e distorcer partes da realidade para que possamos administrar nossas vidas. O problema é que, quando fazemos isso, não temos uma visão de todas as opções que estão disponíveis para nós.

O Modelo Milton

Milton Erickson criou esse modelo, e o princípio é distrair sua mente consciente com o uso de linguagem vaga e abstrata, para que a comunicação direta com a mente subconsciente possa ocorrer. Nenhum conteúdo subconsciente vem à tona como no Meta Model.

Outros principais sistemas de representação de estratégias de PNL

Estes são os seus sentidos internos. Você tem uma tela mental interna na qual reapresenta o que experimentou externamente. Todos os seus sentidos internos, como ver, sentir, cheirar, ouvir e degustar, corresponderão aos seus sentidos externos.

Submodalidades

Quando representamos algo, adicionaremos detalhes a ele, como tamanho, cor e localização. Eles nos ajudam a lembrar o que vimos, cheiramos, ouvimos, provamos e sentimos se isso era interno ou externo. Pense nisso como um código que você usa em seu pensamento e que você pode alterar esse código.

A história da PNL

No início dos anos 70, John Grinder, professor-associado de linguística e Richard Bandler, estudante de psicologia, desenvolveu programação neurolinguística em Santa Cruz, na Universidade da Califórnia.

 A arte da autoconfiança + bônus

Tudo partiu de suas observações de que indivíduos com formação similar em educação, experiência e treinamento alcançaram resultados diferentes. Para alguns, os resultados foram incríveis, enquanto outros experimentaram resultados muito medíocres.

Isso despertou a curiosidade de Grinder e Bandler e eles se apaixonaram por descobrir quais eram os segredos para aqueles que experimentaram resultados incríveis. Como eles foram capazes de alcançar coisas incríveis na vida, enquanto outros alcançaram quase nada?

Os dois acreditavam que, se pudessem identificar esses segredos, haveria a possibilidade de replicá-los e produzir um modelo de comportamento que alcançasse sucesso. Eles precisavam estudar os indivíduos que tiveram sucesso.

Tudo isso começou em uma época que realmente era a Era de Ouro da simulação e modelagem. Esses dois estavam investigando a excelência humana e examinavam fatores como negócios, terapia e educação. Depois disso, eles fizeram um avanço quando estavam concentrados no fator de comunicação.

Grinder e Bandler começaram a examinar como as pessoas que obtiveram sucesso usavam a comunicação. Não se tratava apenas de linguagem verbal, mas de linguagem corporal e outras comunicações não verbais.

A PNL realmente começou a surgir quando o casal estava modelando as atividades de comportamento e comunicação de Milton H. Erickson, que era um renomado hipnoterapeuta, Fritz Pearls, fundador da Gestalt Therapy e Virginia Satir, fundadora da terapia familiar.

Quando eles estavam modelando o comportamento dessas pessoas bem-sucedidas, Grinder e Bandler conseguiram descobrir padrões na maneira como os pensamentos estavam sendo processados que levavam ao eventual sucesso de cada sujeito.

As técnicas utilizadas por Milton Erickson interessaram particularmente Grinder e Bandler. Erikson usou uma técnica de hipnose conversacional e isso se tornou parte da PNL. Erickson decidiu conhecer pessoas em seu mundo e construiu um relacionamento com elas. Em termos de PNL, esse é o modelo de Milton.

Eles então passaram um tempo teorizando que o cérebro humano pode aprender esses comportamentos e padrões saudáveis e, uma vez aprendidos, os efeitos emocionais e físicos seriam significativos.

Eles decidiram chamar essa técnica de Programação Neurolinguística (PNL).

Com a PNL, a premissa básica é que nossa comunicação por meio de palavras e ações reflete uma percepção inconsciente do nosso mundo e dos problemas que enfrentamos. Se a comunicação que usamos não é precisa, isso leva a falsas percepções.

Essas falsas percepções levarão a problemas fundamentais dentro de nós, quanto mais continuarmos a pensar sobre elas e usá-las. Isso significa que a atitude que temos em relação a certas coisas vem de nossas percepções internas. Palavras e frases faladas, bem como comunicações não verbais, como movimentos corporais e oculares, fornecem uma visão do estado emocional e físico da pessoa.

Um profissional experiente em PNL pode identificar os distúrbios e problemas existentes nos padrões de processamento interno e inconsciente de uma pessoa, bem como em suas percepções. Ao fazer essa identificação, o profissional experiente em PNL ajudará o indivíduo a compreender as causas principais.

O praticante da PNL pode então ajudar a pessoa a remodelar seus processos de pensamento e as associações mentais que ela possui, para que haja uma correção em quaisquer noções preconcebidas.

É mais do que provável que essas noções preconcebidas estejam impedindo o indivíduo de alcançar os resultados que realmente deseja. Essas crenças limitantes e outros pensamentos negativos são substituídos por crenças fortalecedoras e pensamentos positivos.

Grinder e Bandler não são os únicos dois indivíduos a contribuir para a PNL. Após a divulgação de seu trabalho, outras pessoas desejaram contribuir mais para expandir o trabalho inicial. Outros que contribuíram incluem Judith DeLozier, Leslie Cameron Bandler, David Gordon e Robert Dilts.

Equívocos comuns sobre a PNL

É possível que você tenha ouvido todo tipo de coisa interessante sobre programação neuro linguística (PNL). Certamente existem muitos conceitos errados sobre isso por aí, então aqui trouxemos os 3 mais comuns.

 A arte da autoconfiança + bônus

5 É Manipulativo e Controle da Mente

Embora seja verdade que a PNL possa influenciar os outros, certamente não é possível controlar seus pensamentos e ações com ela. Você nunca fará as pessoas pensarem e fazerem coisas que elas não querem. Quanto a controlá-los bem, a maioria das pessoas não consegue se controlar.
Com as técnicas de relacionamento na PNL, você poderá exercer influência sobre a mente inconsciente e isso aumentará suas chances de obter o resultado desejado. Mas isso está longe de ser manipulação e controle da mente.
É do seu interesse se conectar inconscientemente com os indivíduos, para que você tenha uma melhor chance de influenciá-los. A PNL ajudou muitos vendedores a fazer mais vendas.

Para fazer isso, você precisa examinar suas técnicas de vendas atuais e ajustá-las para que você possa se conectar com as emoções de seus clientes em potencial.
Ao fazer isso, você não está controlando a mente de ninguém, você está fazendo uma conexão em um nível emocional que aumenta suas chances de tomar uma decisão a seu favor. Seus clientes potenciais não estarão conscientes de que você está fazendo isso.
O lado linguístico da PNL também é muito importante. Para obter os melhores resultados, você precisa buscar a perfeição e a intenção quando se trata das palavras que você fala e pensa, o tom da sua voz usada e sua fisiologia. É verdade que mais é dito através do uso da tonalidade da voz e da linguagem corporal do que apenas as palavras.

6 Não funciona

Esse equívoco vem principalmente de pessoas que estudaram um pouco de PNL, tentaram uma ou duas técnicas de PNL e depois foram incapazes de alcançar os resultados que procuravam. O que eles deixaram de fazer foi adaptar seus comportamentos e ações para que pudessem fazê-lo funcionar para eles.

Na linguagem da PNL, isso é "flexibilidade comportamental" e exige que você observe, ouça e preste atenção nos sinais do que está acontecendo com você ou nas pistas que você está recebendo do indivíduo que deseja influenciar. É então uma questão de usar suas habilidades sensoriais e perceptivas para que você possa fazer ajustes na sua abordagem.

É provável que, com o uso da PNL, você já esteja obtendo melhorias em diferentes áreas da sua vida. Também é possível que você não esteja ciente de algumas das estratégias e abordagens que estão tendo o efeito desejado.

O que a PNL faz é ajudá-lo a compreender como as coisas funcionam e fazê-las funcionar para você dê uma maneira melhor. Se você descobrir que algo não está funcionando como deveria, basta fazer alguns ajustes em uma estratégia ou processo para obter o resultado desejado.

7 É o mesmo que terapia

Se você ler a história da PNL, verá que os primeiros modelos foram todos baseados em terapia. À medida que a prática se desenvolveu, as habilidades evoluíram e foi descoberto que várias habilidades, técnicas e comportamentos eram muito importantes em outros contextos de comportamento humano.

Isto é especialmente verdade quando se trata de mudança, comunicação e influência. A PNL está preocupada com a

"Como" e não o "porquê" dessa terapia. Você pode usar técnicas de PNL para fazer mudanças rápidas em vendas, persuasão, treinamento, falar em público em esportes e muito mais.

Também houve exemplos em que os novos alunos da PNL foram capazes de ajudar as pessoas a superar maus hábitos ou erradicar suas crenças limitantes somente após uma sessão. Você pode imaginar quanto tempo isso levaria com os métodos de terapia convencional? No final do dia, a PNL não é terapia é o contrário. Você está ansioso com a PNL, em vez de olhar para trás com a terapia.

Qual é a diferença real entre PNL e hipnose?

Muitos novos alunos da PNL costumam fazer a pergunta "qual é a diferença entre a PNL e a hipnoterapia?" Há uma diferença, mas não é algo com o qual todas as partes interessadas possam concordar. Você pode observar a PNL e a hipnoterapia de várias maneiras diferentes, e definir exatamente o que elas são sempre será um desafio.

Tentar definir PNL e hipnoterapia é como tentar chegar a uma definição exata de "amor". O amor existe de várias formas e existem todos os tipos de emoções e comportamentos associados a cada tipo. Hipnoterapia terá significados diferentes para diferentes indivíduos e as pessoas usam a PNL de muitas maneiras diferentes também.

O objetivo comum da PNL e da hipnoterapia

Um lugar melhor para começar é com os objetivos comuns da PNL e da hipnoterapia. Se você tiver uma visão ampla sobre isso, para ajudar as pessoas a conseguirem o que desejam, elas podem usar uma ou ambas as técnicas.

A maioria das pessoas já tentou obter o que quer em um nível consciente antes de usar a PNL ou a hipnoterapia. O próximo passo é encontrar algo que ajude essas pessoas a resolver problemas que eles não podem fazer conscientemente, ou que possam mudar hábitos que estão cientes, mas que não conseguiram mudar.

A mente inconsciente (ou subconsciente) tem programas que executam todos os seus hábitos, de modo que PNL e hipnoterapia

O que você fará é acessar sua mente inconsciente e reprogramar para você, para que a mudança certa possa ser feita.

O funcionamento da PNL

Quando você usa técnicas de PNL, haverá uma grande quantidade de atividade consciente projetada para explorá-las inconsciente. Considere o "Padrão Swish" usado na PNL como um exemplo aqui.

Quando o padrão de swish é usado, é provável que você primeiro encontre uma imagem que provoque um sentimento ruim em sua mente. Normalmente, você não estará ciente dessa imagem até que seja hora de identificá-la e selecioná-la. Quando a imagem estiver em sua mente, você precisará ter uma imagem de recurso preparada, reduza-a e use a técnica de swish. A repetição do processo ocorre até que você só veja a nova imagem quando pensa no assunto original.

A partir disso, você pode ver que há atividade consciente usada para acessar e reprogramar um padrão anterior que estava na mente inconsciente. Isso é possível com a técnica swish, pois as imagens têm um efeito profundo em nossos sentimentos.

O funcionamento da hipnoterapia

O funcionamento da hipnoterapia é diferente da PNL. Você pode fazer sugestões diretas para um assunto depois que ele é guiado para um transe. Tomando o exemplo da má experiência, eles recebem sugestões que os farão sentir-se mais engenhosos e confiantes.

Técnicas de regressão em hipnoterapia podem ser usadas, o que levará o sujeito de volta para onde os maus sentimentos começaram. Eles serão encorajados a reprocessar a coisa toda de uma maneira diferente, para que se sintam mais confortáveis com ela.
Depois, há a técnica da biblioteca. Aqui, solicita-se a um sujeito que entre na biblioteca, encontre um livro que possua detalhes do problema que está enfrentando, descubra o valor para eles e, então, eles descartariam o livro, eliminando o problema. Eles descobrirão que um novo livro substituiu o antigo e este novo livro está cheio de recursos úteis.

É tudo uma questão de mudar representações internas

Com a PNL e a hipnoterapia, o objetivo é alterar as representações internas que uma pessoa tem sobre alguma coisa. Isso significa que as imagens internas de um sujeito foram alteradas. A PNL usa uma série de ações conscientes para fazer isso.

Ele acessará a mente inconsciente e fará as mudanças necessárias. Na hipnoterapia, você frequentemente lida diretamente com a mente inconsciente e instrui-a sobre o que precisa ser feito para resolver o problema.

Agora que você entende as diferenças, é hora de confundi-lo. Você pode usar técnicas de PNL quando um sujeito estiver sob a influência da hipnose. Por exemplo, se alguém está em transe, você pode usar a técnica swish.

Técnicas de PNL

Comece com estes exercícios básicos da PNL

A ideia por trás da programação neurolinguística (PNL) é usar naturalmente a maneira como seu cérebro funciona para que você possa melhorar sua vida e começar a obter os resultados desejados. A melhor maneira de aprender PNL é mergulhar nela e tentar alguns exercícios.

Você precisa ver sua vida como uma jornada composta de várias etapas. Cada passo que você dá com a PNL o levará a coisas maiores e melhores. Você deve começar e se tentar os dois exercícios abaixo, fará exatamente isso.

As imagens têm um poder significativo

Neste exercício, você experimentará o poder das imagens. Para tirar o máximo proveito deste exercício, você precisa seguir as instruções cuidadosamente e garantir que não se distraia.

A primeira coisa a fazer é pensar em uma imagem, algo da sua memória que lhe traz bons sentimentos quando a vê. Você precisará prestar muita atenção à aparência da imagem e aos bons sentimentos que experimenta ao vê-la.

O segundo passo é ampliar esta imagem e aproximá-la de você e torná-la mais brilhante também. Quando você faz isso, como seus sentimentos mudam? Certifique-se de fazer isso corretamente e observe a mudança em seus sentimentos antes de passar para o próximo passo.

O terceiro passo é tornar a imagem menor, mais distante e escura. Se a imagem original era colorida (isso é sempre melhor), em seguida, transforme a imagem menor em preto e branco. Se você tinha um filme em vez de uma imagem parada, pare o filme e faça uma imagem estática.

Preste muita atenção aos seus sentimentos neste momento. Seus sentimentos são mais fortes em relação à imagem agora ou são mais fracos? Os sentimentos são positivos ou se tornaram negativos?

O passo final é começar de novo e recriar a imagem original.

É provável que, quando você tornou a imagem grande, mais próxima e mais brilhante, os sentimentos que experimentou foram os mais fortes e os mais positivos. Quando você fez a imagem pequena, distante e escura, isso enfraqueceu seus sentimentos e provavelmente os deixou negativos. Você pode se sentir bem fazendo isso com muitas imagens todos os dias.

Gerenciando sua crítica interna

Todos temos uma voz ou vozes internas que podem nos fazer sentir tristes. Essa voz irá criticá-lo, lembrá-lo de seus erros passados, pintar uma imagem negativa do seu futuro e geralmente incomodá-lo com as coisas. Esse "crítico interno" usará um tom de voz que não é amigável portanto, mesmo quando você deve ouvir, é difícil fazê-lo.

Comece ouvindo essas vozes em sua cabeça. Concentre-se em apenas um para começar. De onde vem a voz? É audível nos dois ouvidos ou apenas um? Você reconhece a voz? É a sua voz e, se sim, soa igual? A voz é hostil ou amigável? O que a voz está dizendo para você?

O segundo passo é observar como você se sente ao ouvir a voz. Faça isso agora, pois é um passo muito importante.

Em seguida, é hora de brincar com seu crítico interior. Tente mover sua voz interior para o joelho esquerdo. Como se sente sobre isso agora? E se você enviar seu crítico interno para o lado oposto da sala?

Agora altere o volume da voz interior. Adicione estática ao som para que seja difícil de ouvir. Observe seus sentimentos neste momento.

Em seguida, altere o som da voz de hostil para amoroso e doce. Seja criativo aqui e mude a voz, fazendo-a chiar, cuspir ou até sussurrar. Que sentimentos você está experimentando agora?

Por fim, fale com a voz e diga que você ouvirá se as mensagens forem positivas e não negativas. Além disso, o tom precisa ser favorável em vez de hostil. Que tipo de resposta você recebe?

Isso não é loucura. Você certamente pode mudar seu relacionamento com seu crítico interno. Quando seu crítico interno estiver apoiando e encorajando, será um grande aliado ter em sua busca por uma vida melhor.

Desenvolvimento Pessoal Com PNL

Se você está interessado em desenvolvimento pessoal, existem várias técnicas de PNL que podem ajudá-lo. Ao usar essas técnicas, você melhorará sua consciência geral e criará um estado mental superior.

Para usar a PNL efetivamente para o desenvolvimento pessoal, você precisa saber o que deseja alcançar e ter uma imagem de como deseja se ver no futuro.

Ao fazer isso, você pode "entrar" nessa imagem para fazer as melhorias necessárias.

Seu objetivo aqui será dominar sua inteligência emocional e habilidades de comunicação. Assumir o controle de sua mente o levará a assumir o controle de

 A arte da autoconfiança + bônus

sua vida. Aqui estão quatro técnicas de PNL que você pode usar para o seu desenvolvimento pessoal.

Criando âncoras

Esta é uma técnica muito fácil que pode ser muito eficaz para o seu desenvolvimento pessoal. A técnica depende de você pensar em algo excelente que você fez no passado e depois tornar os sentimentos associados a essa conquista o mais forte possível.

Depois de gerar emoções fortes, você precisará fazer algo físico para criar a âncora. Essa ação física pode estar apertando dois dedos ou batendo no seu joelho esquerdo. Ao fazer isso, você será capaz de recordar o forte sentimento positivo instantaneamente, realizando a ação física.

Para que isso funcione efetivamente, é essencial que os sentimentos que você evoca através de seus pensamentos sejam os mais fortes possíveis. Se os sentimentos são fracos, lançar a âncora produzirá apenas resultados fracos. Então, foque nesse evento feliz e sinta esses sentimentos!

Quando você estiver criando a ação física, faça-o duas vezes. Na segunda vez em que você ancora, tente intensificar ainda mais o sentimento. Se puder, tente dobrar a intensidade do sentimento. Repita a "ancoragem" física cinco vezes para que ela fique realmente incorporada. Se em algum momento no futuro você sentir essa âncora enfraquecendo, basta repetir o processo novamente.

Usando o Meta Model

Ao contrário da crença popular, o Meta Modelo na PNL não consiste apenas em compreender os problemas de outras pessoas. Você pode usar o Meta Model em si mesmo para entender um problema que você tem. Você pensará aqui e precisará desconstruir essa conversa de pensamento.

É muito comum que, quando as pessoas enfrentam problemas, saibam qual é a solução subconscientemente. O problema é que a solução não é atraente e eles realmente não querem fazê-lo. Isso significa que os problemas persistirão e você espera poder criar uma nova solução que seja melhor para você. Ao redigir cuidadosamente o problema, você pode ajudar a si próprio usando a desconstrução.

Padrões de interrupção

O método de interrupção de padrões o ajudará a armazenar palavras e frases em sua mente subconsciente. Uma maneira eficaz de fazer isso é criar um padrão ou sequência com seus pensamentos primeiro.

Quando você usa interrupções de padrão, você interrompe o padrão estabelecido de seus pensamentos no momento crítico. Seu subconsciente esperará o padrão ou sequência até o final, como de costume, mas você a interrompeu usando sua mente consciente.

Emoções de enquadramento

Todos nós experimentamos momentos bons e ruins em nossas vidas. Isso é bom para todos nós à medida que aprendemos e crescemos através deles. Suas memórias não têm emoções associadas a elas. Isso ocorre porque emoções e memórias residem em diferentes partes do seu cérebro.
Memórias de longo prazo são armazenadas na área do hipocampo do cérebro. As emoções são armazenadas na área da amígdala. Quando uma lembrança é lembrada, você receberá um breve lembrete das emoções que sentiu na época da amígdala.
Isso oferece a oportunidade de mudar a emoção que você associa à memória.

Espelhamento e correspondência da PNL

Se você deseja estabelecer relacionamento com outra pessoa inconsciente, pode usar duas técnicas eficazes de PNL espelhamento e correspondência. O que você fará é agir de maneira semelhante à outra pessoa para tentar estabelecer uma boa conexão. É vital criar um bom relacionamento, pois você será capaz de expressar seu ponto de vista e ideias, e a outra pessoa os reconhecerá mais prontamente.
Em geral, os seres humanos têm aparências semelhantes, se movem, agem e soam como se fossem e notarão essas semelhanças no nível inconsciente, o que leva a maioria das pessoas a se dar bem com os outros. Fazemos isso naturalmente para que nosso mundo possa ser harmonioso. Para obter um relacionamento com um indivíduo, você precisa emular essa pessoa usando a técnica de espelhamento e correspondência. Comece observando as pessoas que frequentam o grupo juntas e se dão muito bem.

Eles parecem estar sincronizados um com o outro enquanto usam gestos semelhantes.

O espelhamento e a correspondência podem assumir várias formas. Você pode espelhar e combinar a postura de alguém, sua voz, suas expressões faciais, seus gestos, palavras e muito mais. Sentado diante de um indivíduo, você pode refletir a posição da cabeça, mãos e pernas. Ao falar, observe seus gestos e a maneira como movem as mãos. Use os mesmos gestos.

Para ser eficaz no espelhamento e na correspondência, você precisa usar discrição. Você não deseja que a outra parte saiba o que está fazendo. Use uma ação de espelhamento e correspondência alguns segundos após o assunto.

Espelhamento de crossover

O espelhamento cruzado é uma técnica eficaz de PNL, na qual você altera uma parte de sua fisiologia quando um sujeito muda a dele. As alterações serão diferentes, mas ainda produzirão o efeito de espelhamento.

Como exemplo, digamos que um indivíduo move a perna de uma certa maneira. Você pode usar o espelhamento cruzado movendo sua mão de maneira semelhante. Observe os padrões de respiração da pessoa e, em seguida, use seus dedos para tocar esse padrão na mesa em sincronia.

Outros recursos de espelhamento e correspondência

Expressões faciais

O espelhamento e a correspondência de expressões faciais podem funcionar muito bem. Como seu assunto pisca? Observe isso e espelhe e combine-o. E as expressões faciais deles?
Replicar a tensão que eles usam em seus músculos faciais. Como seu sujeito usa os lábios? Você pode espelhar e combinar esse movimento também.

Respiração

Outra característica do espelhamento e correspondência é emular a respiração de outro indivíduo. Quando as pessoas falam, elas normalmente expiram, para que você possa expirar enquanto as ouve. Observe quando eles inspiram e você respira ao mesmo tempo. Se você estiver falando, tente expirar quando o assunto estiver expirando.

Voz

Adotar um tom de voz semelhante é outra ótima técnica de espelhamento e correspondência. Se você conseguir igualar a tonalidade da voz de outra pessoa, terá uma chance muito maior de criar repport. Você não está tentando imitar a voz deles aqui, mas usa a mesma qualidade tonal, tom, velocidade e volume que o assunto.
Algumas pessoas falam muito rápido e outras muito lentamente. Alguns falam em voz baixa e outros, em voz alta. Portanto, se eles estão falando em voz alta, você deve falar em voz alta também. Você pode obter repport instantâneo quando conseguir espelhar e combinar a voz de uma pessoa adequadamente.

Estratégias de espelhamento e correspondência para lidar com a raiva

Se você estiver em um confronto com uma pessoa zangada, tome cuidado para não imitar a "raiva" dessa pessoa. É bem possível que a outra parte esteja usando linguagem abusiva em sua direção e gritando com você. Nesse caso, tome uma posição neutra e use palavras neutras para responder.

Isso o ajudará nessa situação se você refletir a fisiologia da pessoa que está com raiva. Ao responder, você pode usar gestos semelhantes. Você pode usar um tom de voz que corresponda ao volume (sem gritar), tom, qualidade e velocidade. Você não deve ameaçar nenhuma dessas respostas, pois isso só tornará mais grave a situação.

Mudando de Estado com a PNL

Se você não está no estado certo, pode se sentir absolutamente péssimo e acreditar que não pode conseguir nada. Existe um vínculo direto entre estados e a ação (ou não); portanto, você precisa de uma maneira de entrar em um estado melhor e, com a PNL, há várias técnicas que você pode usar.

Às vezes, será possível mudar seu estado apenas pensando positivamente e concentrando-se em outra coisa. Mas haverá momentos em que seu estado negativo tem tanta influência sobre você que você simplesmente não consegue se livrar dele. É hora de usar as técnicas de PNL abaixo quando isso acontecer com você.

Usando a técnica Anchor

Você pode estar familiarizado com as âncoras na PNL. Eles podem funcionar a seu favor e contra você, e você precisa estar ciente de que eles existem. Por exemplo, se você estiver ouvindo uma peça específica, músicas que você gosta podem mudar seu estado de feliz para triste e vice-versa. Qualquer coisa pode desencadear uma âncora, até o cheiro de algo familiar.

Todos nós tendemos a ancorar as experiências de maneira diferente. As âncoras não são exclusivas da PNL, elas ocorrem no dia a dia naturalmente.

Com a PNL, você os entende e como eles funcionam, para poder recolhê-los, se necessário, criar novas âncoras capacitadoras, encadeá-las e assim por diante.

Para provar que as âncoras ocorrem naturalmente, coloque-se ao volante de um carro e de repente você vê uma criança saindo para a estrada. O que você vai fazer? Você começa a

processe tudo e faça perguntas como "devo desacelerar ou manter minha velocidade?" Se você é um motorista experiente, saberá exatamente o que fazer.

Com a experiência de condução, virá o desenvolvimento dos seus sentidos para dirigir na estrada. Quando o perigo aparecer, você agirá automaticamente. Tudo isso forma âncoras em sua mente e você age instintivamente.

Você pode criar facilmente uma âncora poderosa que mudará seu estado. Lembre-se de um momento em que você teve um sentimento eufórico e ancore os sentimentos que experimenta com uma ação física. Certifique-se de que esses sentimentos sejam realmente fortes.

O que você está fazendo é criar uma "âncora de recursos". Você pode usar essas âncoras quando não estiver no estado correto e precisar estar rapidamente. O acionamento da âncora coloca você em um estado de recursos para fazer essa apresentação, chamar essa pessoa importante ou trabalhar nessa lista de "tarefas a fazer".

Âncoras de encadeamento

Pode não ser possível usar uma âncora de recursos para mover diretamente do estado em que você está para o estado em que precisa estar. Você pode ter que usar uma série de pequenos passos e estas são "âncoras de encadeamento". Como exemplo, pense em passar de deprimido para neutro, de neutro para relaxado e de relaxado para feliz e confiante. Crie âncoras para todos esses estados diferentes (com uma ação física diferente) e inicie a cadeia de âncoras em ordem para que você atinja o estado desejado.

Usar interrupções de padrão

Você pode usar uma interrupção de padrão para alterar seu estado atual. Se você não sabe o que é uma interrupção de padrão, pense em "criar uma distração". Os pais fazem isso com os filhos o tempo todo – porque funciona.
O padrão interrompe o trabalho também com adultos. Para alterar seu próprio estado, você precisará testar diferentes interrupções de padrão para ver qual funciona melhor para você. Uma ótima piada ou outra coisa para fazer você rir muitas vezes funciona bem. Outras ideias estão mudando seu cenário, indo para outro lugar (por exemplo, dar um passeio em algum lugar).
Muitas pessoas acham que a música é um ótimo padrão de interrupção para a mudança de estados. Se você está se sentindo triste e sabe que uma determinada música vai fazer você se sentir bem novamente, não perca tempo tocando. Verifique se o CD está sempre à mão.

Como usar a técnica Swish da PNL

Se você tem hábitos indesejados ou experimenta comportamentos que o limitam, use a técnica de swish da PNL (algumas vezes conhecida como padrão de swish) para quebrá-los. Se você quiser ganhar mais confiança, eliminar os nervos antes de uma apresentação ou parar de fumar, o padrão de swish pode ser muito eficaz.

Identifique o comportamento do problema

O primeiro passo para usar a técnica swish é identificar o problema que você deseja erradicar. Talvez você tenha medo de conhecer novas pessoas, medo de falar em público, medo geral de falhar ou algo como não seguir uma dieta saudável ou fazer exercícios suficientes.
 Você precisa descobrir o que desencadeia esse comportamento indesejado. UMA
Uma boa maneira de fazer isso é fazer a si mesmo uma pergunta como "o que eu experimento primeiro para ter certeza de que (o problema) está chegando?"
Então, se você tem medo de falar em público e fica muito nervoso, o que provoca seu nervosismo? Você tem um certo sentimento primeiro? Você visualiza alguma coisa? Você ouve alguma coisa? Você deve entender qual é o gatilho.
Se você está achando difícil identificar o gatilho, imagine que você precisa ensinar outra pessoa sobre o seu comportamento problemático. Você literalmente vai ensinar alguém a ficar nervoso em falar em público. Que imagem única você precisaria para fazer os outros reagirem dessa maneira?
Depois de identificar seu gatilho, anote-o e depois quebre seu estado. Faça isso

executando outra atividade por alguns segundos. Isso ajudará na redefinição do seu cérebro antes de prosseguir para a próxima etapa.

Decida sua resposta ideal

Agora é a hora de identificar a imagem a incorporar em seu subconsciente que substituirá a antiga imagem negativa que você identificou na primeira etapa. A nova imagem positiva ocorrerá em vez da antiga imagem negativa depois disso. Como exemplo, você pode ter um mau comportamento que o impede de visitar a academia para concluir uma rotina regular de exercícios. Assim, você pode criar uma nova imagem em que se sinta maravilhoso após a sessão de ginástica com aquele burburinho de endorfinas. Obviamente, isso precisa ser uma imagem positiva que evoque emoções fortes dentro de você. Precisa ser realmente poderoso.

A ideia dessa nova imagem é que ela o motivará a realizar a ação desejada. Depois de escolher sua imagem, agora você precisa aumentá-la! Você fará isso tornando a imagem maior, mais clara e mais brilhante. Faça com que seja tão convincente que você possa se divertir com todos os detalhes e que evoque os sentimentos positivos que procura.

A ideia é tornar a sensação muito intensa quando você vê a nova imagem. Continue fazendo a imagem maior e mais brilhante até acertar. Você precisa se sentir no topo do mundo para que seu cérebro esteja convencido de que esse é o melhor caminho a seguir. Agora quebre seu estado e faça algo completamente diferente por alguns segundos.

Agora Swish!

É aqui que você substitui a imagem ruim original pela nova imagem capacitadora. Imagine a imagem original em sua mente e a torne maior e mais brilhante para poder ver todos os detalhes.

Em seguida, faça uma visualização em tamanho pequeno da sua nova imagem e coloque-a no canto da imagem antiga. Para começar, a nova imagem precisa ser pequena e escura. Agora você precisa agitar. Você precisa mover a nova imagem positiva para longe de você. O que você quer que aconteça é que a nova imagem apareça rapidamente à vista de todos, como se tivesse poder de foguete.

Portanto, faça o swish e a nova imagem voará em sua direção a uma velocidade cada vez maior e mais brilhante. Acenda o foguete em sua imagem antiga e envie-a para longe. Veja a nova imagem em toda a sua glória e torne-a grande e brilhante. Confira todos os detalhes e sinta como é incrível. Este é o seu novo padrão, para aproveitar toda a sua glória.

Divirta-se com esses novos sentimentos por um tempo. Então quebre seu estado novamente.

Incorporando a mudança

Repita o padrão swish mais dez vezes para garantir que você incorpore a nova imagem em seu subconsciente. Certifique-se de quebrar seu estado entre cada sessão. Teste-o pensando em ir à academia (ou qualquer que seja o problema) e tente recriar seu antigo comportamento negativo. Se você fez isso corretamente, será difícil para você.

Usando a PNL para lidar com críticas

Antes de começarmos, é importante que você perceba que existem dois tipos de críticas. O primeiro deles é uma crítica construtiva que o ajudará. Você precisa distinguir isso das críticas negativas ou ruins, onde a pessoa que faz as críticas apenas pretende colocá-lo para baixo.

O mundo está cheio de pessoas que julgarão você. Então, você precisa saber como lidar efetivamente com as críticas negativas, para que seu estado não mude para negativo. As pessoas costumam criticar negativamente porque têm inveja do que você alcançou ou do que alcançou.

Crítica negativa

Críticas negativas ou destrutivas estão à nossa volta o tempo todo. A mídia e os jornais garantem isso. Essas pessoas estão sempre se escondendo atrás do "interesse público" e, se você as responsabilizar por críticas, elas lhe dirão que estão apenas fazendo seu trabalho.

Às vezes, críticas destrutivas são justificadas, mas na maioria das vezes não são. Isso não ocorre apenas na mídia, mas também pode acontecer no seu local de trabalho e socialmente. Você pode enfrentar críticas negativas diretas ou críticas indiretas ou por meio de uma insinuação. Seja qual for o método de entrega, você precisa ficar atento, pois isso pode prejudicá-lo.

Situações de crítica negativa

Devido à sua natureza competitiva, sempre haverá concorrentes nos negócios que vão querer criticar você receber uma tarefa de um cliente e não deles. Concorrentes inescrupulosos estão por toda parte e farão tudo o que puderem para tentar derrubá-lo.

Depois, há o local de trabalho. Alguns de seus "colegas" vão querer criticá-lo negativamente porque você é visto de uma maneira mais favorável do que eles. Talvez você tenha acabado de receber uma nova promoção você precisará estar atento, pois os críticos estarão alinhados com a boca ruim e o derrubarão.

Nem todos os chefes lidam bem com as críticas e você pode ser injustamente criticado por algo que não era seu culpa. Muitas empresas gostam de fazer uma "caça às bruxas" quando algo dá errado e precisam encontrar um bode expiatório no qual possam culpar.

Provavelmente, a forma mais difícil de lidar com críticas negativas é quando ocorre em situações sociais. Muitas pessoas têm familiares que os criticam, não importa o que façam. Isso pode ser particularmente desmoralizante.

Em outras situações sociais, os amigos tentam convencê-lo a impressionar os outros principalmente os membros do sexo oposto.

As críticas de um bom amigo podem realmente ser difíceis de aceitar. Quando você conhece alguém há muito tempo e de repente o critica, pode surpreendê-lo.

Lidar com críticas negativas

O segredo para lidar com críticas negativas deve ser lisonjeado! A maioria das pessoas o critica injustamente porque tem inveja de algo que você tem ou de algo que você fez. Esse pode ser um forte traço de caráter que você tem em situações sociais.

Fique lisonjeado por eles estarem concentrando sua atenção e energia em você e continue seguindo o caminho moral. Continue fazendo o que você faz de melhor e não morde.

Lembre-se de que essa crítica provavelmente é causada por ciúmes; portanto, seja fiel a si mesmo e mantenha sua postura normal.

Se você se deparar com críticas negativas, simplesmente ignore-as como opinião que não está certa. Eles têm direito a suas opiniões, assim como você e quando você descartá-las como imprecisas, seu estado atual permanecerá intacto.

Pense na inadequação do crítico

As pessoas frequentemente pensam em suas próprias inadequações quando criticam negativamente. Apenas os faz sentir-se melhor consigo mesmos, lançando negatividade em relação aos outros. Imagine as inadequações que essas pessoas têm e coloque um sorriso em seu rosto.

Você não pode controlar o que as outras pessoas dizem para você e quando elas dizem. Pode ser uma crítica muito injusta, mas você só precisa optar por não deixar que isso o preocupe. É claro que você pode controlar a maneira como responde às críticas negativas e isso deve ser feito para manter um estado positivo.

Estabelecimento eficaz de metas usando a PNL

Se você quer realmente ter sucesso na vida, precisa definir metas. Muitas pessoas esperam a véspera de Ano Novo e depois escrevem uma lista do que desejam alcançar no próximo ano. Em fevereiro (às vezes mais cedo), eles terão desistido de seus objetivos.

Apenas escrever uma lista de objetivos nunca funciona bem. Você precisa fazer mais se quiser levar a sério seus objetivos. Você pode usar a PNL na definição de metas e isso lhe dará uma chance muito maior de sucesso.

Fique esperto

A maioria dos profissionais de PNL recomendará o processo de definição de metas SMART. Este acrônimo significa:

- Específico
- Mensurável
- Atingível
- Realista
- Tempo (um período realista está associado)

Você deve usar o processo SMART como ponto de partida para seus objetivos. Você precisa adicionar alguma metodologia de PNL à mistura que torne a coisa toda mais eficaz.

Usar o modelo de PNL significa que você não apenas escreve uma lista de objetivos, mas programa sua mente para ficar totalmente motivado e comprometido com esse objetivo.

Use seu sistema sensorial

Você já deve saber que seu cérebro funciona melhor quando está sujeito a coisas que atraem seu sistema sensorial, como sentimentos, imagens e sons. Quando você usa a meta da PNL modelo de configuração, você usará seu sistema sensorial, pois seus objetivos serão todos sensoriais específicos.
As palavras são importantes e podem conduzir nossos sistemas sensoriais. Portanto, o método de estabelecimento de metas da PNL descrito aqui garantirá que a linguagem correta, para que nossa fisiologia e neurologia seja usada ao máximo, para nos empurrar para o alcance das metas.
Você notará com o sistema de estabelecimento de metas da PNL que ele concentrará sua atenção no que você vê internamente, bem como no que ouve e sente. Isso também fará com que você se concentre nos recursos internos e externos necessários para atingir seus objetivos.

O modelo de estabelecimento de metas da PNL

Use este modelo de definição de metas para identificar o estado em que você deseja estar e até começar a avançar para esse estado imediatamente:

 A arte da autoconfiança + bônus

Use termos positivos para seus objetivos

Escreva uma descrição de sua situação atual e depois outra de como será sua vida quando você atingir seu objetivo. Lembre-se de incluir exatamente onde você está agora e a vida que deseja após a realização do objetivo. Declare o que você realmente deseja positivamente e para onde está indo com isso.

Use termos sensoriais para especificar suas metas

Quando você atingir seu objetivo, o que verá, sentirá e assim por diante? Defina as etapas necessárias para a consecução dos objetivos e assegure-se de envolver os sentidos ao escrever isso, para que seu cérebro seja incluído. Crio um plano que divide seu objetivo em partes alcançáveis e certifique-se de que você não ficará sobrecarregado com nada disso.

Torne seus objetivos atraentes

Você deseja que seus objetivos o atinjam, de modo que eles sejam o mais atraentes possível. Escreva que você já alcançou seus objetivos para que, quando os olhar, sentirá que já os alcançou.

Você está no controle total?

Você deve estar no controle de seus objetivos. Você pode começar a trabalhar em seus objetivos imediatamente sem depender de algo ou de outra pessoa? Não busque metas nas quais você dependerá de outra pessoa.

Qual é o contexto do seu objetivo?

Teste todos os seus objetivos para verificar se eles estão alinhados com o quando, onde, como e com quem verificar. Se houver algum problema com qualquer uma dessas verificações, será necessário fazer alguns ajustes para que eles resistam a esse exame.

Quais recursos você precisa?

Para atingir seus objetivos, quais recursos são necessários? Que transições você terá que fazer para alcançá-las?
Alguém conseguiu o mesmo objetivo? Este novo território é para você ou você alcançou objetivos semelhantes no passado? O que está no seu caminho para alcançar esse objetivo agora?

Evidência de Realização

Como exatamente você estará ciente de que alcançou uma meta? Como você saberá quando estiver no estado desejado?

Compreendendo o Meta Model da PNL

John Grinder e Richard Bandler criaram o Meta Model da PNL e é uma ferramenta linguística publicada pela primeira vez em 1975. É essencialmente uma série de perguntas que permitirão determinar algumas informações de qualidade.
Um dos usos mais importantes do Meta Modelo é descobrir o que as pessoas

realmente querem dizer com suas comunicações, e não a sua percepção do que você acredita que elas estão dizendo. Você também pode usar o Meta Model com seus próprios pensamentos para melhorar sua vida e alcançar mais.

A ideia por trás do Meta Model da PNL é que não interagimos diretamente com o mundo, mas usamos nossos órgãos sensoriais para ingerir informações e depois aplicamos três processos de modelagem que são "distorção", "generalização" e "exclusão" para criar um mapa ou representação interna.

Nossos mapas consistem em imagens, sentimentos, sons, cheiros e gostos. Esses mapas existem em nossas mentes e não são verdadeiramente o mundo real. Eles são nossa representação do mundo que vemos internamente. "O mapa não é o território" foi uma frase famosa, cunhada por Alfred Korzybski, que foi o fundador da General Semântica.

Distorções do Meta Modelo

O processo de distorção permite criar, fabricar, manipular e construir informações sensoriais. Com a distorção, você traz informações através dos seus sentidos e depois brinca com elas em sua mente, para criar novos entendimentos, ideias e conceitos.

Exemplos de distorção são diferentes maneiras pelas quais um indivíduo pode pensar no mundo, como espiritualidade, ideologia, filosofia, religião, criação de novas invenções, fantasias sobre um amante, criação de ficção e produção de filmes.

Todas essas coisas existem por causa de nossa capacidade de distorcer nossa realidade. Usando o poder da distorção, é possível criar e brincar com pensamentos diferentes e depois produzir um conjunto de objetivos que determinarão seu futuro.

Generalizações de Meta Modelo

Ao usar o processo de generalização, você pode escolher um elemento específico do seu modelo mundial e usá-lo para fornecer uma representação de uma categoria total de experiência. Quando você era criança, aprendeu que certos objetos têm alças que permitem que sejam segurados nas mãos, abertos, movimentados e manipulados de outras maneiras.
Exemplos disso são um copo com alça, uma bolsa com alça, uma porta com alça. Usando sua imaginação, você pode estender isso a uma chave que age como uma alça e facas e garfos que ajudam a segurar e cortar os alimentos. Você pode ligar e desligar a água usando uma alça conhecida como torneira e sua TV é controlada por um controle remoto que é outra alça.
Quando você usa generalizações, existem vantagens e desvantagens. Como exemplo de uma desvantagem, considere ter uma experiência ruim em compras. Isso não significa que você terá experiências ruins toda vez que fizer compras, mas generalizações sugerem isso.
Você precisa ter cuidado com o modo de generalização. Em alguns contextos, o uso de certas palavras será bom, enquanto em outros não. Se você generalizar demais, se privará de algumas boas oportunidades.

Exclusões de metadados

Você usará automaticamente o processo de exclusão para fornecer atenção seletiva. Você pode excluir algo consciente ou inconscientemente, mas precisa fazer exclusões, pois não há como processar todas as informações ao seu redor.
É vital que você tome uma decisão sobre o que deseja focar. Ao fazer isso, você

excluirá automaticamente as outras possibilidades de informações. Pense em tentar ouvir alguém falar em uma sala cheia de pessoas. Você precisa se concentrar muito no que eles estão dizendo e excluir todas as outras conversas. As exclusões podem ser muito úteis para você, mas em outros casos, podem limitar suas experiências. Um exemplo clássico disso é onde as pessoas excluem todas as coisas boas que os outros dizem sobre elas e depois se concentram no que não disseram ou fizeram. Isso pode fazer com que você se sinta não amado porque excluiu demais.

Grandes relacionamentos com a PNL

Se você quer esse relacionamento ideal com alguém, pode usar técnicas de PNL para conseguir isso. Para que isso funcione, você precisa seguir os princípios abaixo e ter a motivação necessária para cumpri-lo.

Você realmente acredita que é possível?

Suas crenças devem ser corretas para a PNL ajudá-lo a encontrar o parceiro perfeito. Você deve acreditar que seu parceiro perfeito está lá fora e que você os encontrará. Não há maneira de contornar isso se você realmente não acredita, nunca terá sucesso. Se você tem incertezas nessa área, precisa usar a PNL para trabalhar com suas crenças.

Depois de ter total crença, você precisa ter o nível certo de motivação para começar. Depois disso, é hora de começar a conhecer as pessoas com as quais você é mais compatível.

Você pode usar os melhores sites de namoro online para encontrar possíveis parceiros. Não deixe de aproveitar todo o processo assim que começar.

Seja claro sobre o que você quer

Quais são as dez principais qualidades que você procura em um parceiro ideal? Faça a si mesmo essa pergunta repetidamente até você ter esses 10 critérios em mente. Escreva tudo e descubra como você reconhecerá cada qualidade usando seus sentidos. Agora é hora de escrever um perfil matador e adicionar essas fotografias de alta qualidade.

Se você encontrar outros bons perfis no site de namoro, use-os como modelo. O objetivo do seu perfil deve ser atrair a pessoa que você está procurando. Não será de interesse para o resto das pessoas. A quantidade definitivamente não é importante aqui, mas a qualidade certamente é. Se você precisar da ajuda de um amigo íntimo, leve-o a bordo.

Procure proativamente seu parceiro

Certifique-se de dedicar pelo menos uma hora por dia no site de namoro. Certifique-se de saber como todos os recursos funcionam no site e dedique algum tempo a isso. A primeira semana será emocionante, então aproveite. Você receberá mensagens de pessoas interessadas no seu perfil. Se você tiver que dizer "não", faça-o corretamente. Aprenda com os outros.

Se você está enfrentando muitos "não", então acredite que isso está aproximando você desse parceiro ideal. Depois de ter algumas pessoas que parecem interessantes, concentre-se no topo

5. Seu próximo passo será conversar ao telefone quando tiver certeza de que eles atendem aos seus critérios.

Hora de começar a falar

Agende uma consulta para falar ao telefone e trate-a como uma ocasião especial. Quando você está falando, veja se você sente alguma química. Não importa quanto tempo as conversas duram, você precisa se divertir. No final da conversa, você precisa avaliar se deseja uma conversa adicional com eles. Não se apresse em se encontrar.

Após algumas conversas com pessoas diferentes, você experimentará emoções positivas e negativas. Esta montanha-russa pode ensinar muito sobre você e ajudá-lo a ter um bom amigo por perto. Eles podem realmente te elevar e motivar.

Aquela primeira reunião

Escolha um horário durante o dia para sua primeira reunião. Se você é homem e conhece uma mulher, deixe-a escolher o local por razões de segurança. Você quer aproveitar esta reunião e ser você mesmo e relaxado. Não tente falsas impressões.

Esteja atento à química e às interações entre você. Se tudo correr bem e você quiser se encontrar novamente, então seja o primeiro a dizer isso. Após algumas reuniões com pessoas diferentes, você se tornará muito melhor em tudo e será um especialista em reconhecer as qualidades que realmente importam para você.

Conclusão

Este e-book oferece uma excelente base para a Programação Neurolinguística (PNL) e algumas das técnicas mais usadas foram compartilhadas aqui, explicando exatamente o que você precisa fazer para que elas funcionem para você.

A PNL realmente funciona e existem vários estudos de caso disponíveis online que provam isso. É realmente possível que você mude suas crenças limitantes e os comportamentos que atualmente o impedem. Qualquer pessoa pode usar as informações deste e-book para mudar sua vida drasticamente.

Há muito mais informações sobre a PNL on-line, mas tenha cuidado com a fonte das informações e verifique se elas são credíveis. Existem muitos livros disponíveis para leitura adicional e alguns ótimos cursos.

Então agora acabou com você. Você tem todas as ferramentas necessárias para aplicar a PNL à sua vida neste e-book. Se você persistir com as técnicas e praticá-las até obter os resultados desejados, verá mudanças incríveis.

Boa sorte com o uso da PNL para mudar sua vida.